[日] 小岛毅 著　郭清华 译

后浪

东大爸爸
写给我的日本史

父が子に語る日本史

2

北京联合出版公司
Beijing United Publishing Co.,Ltd.

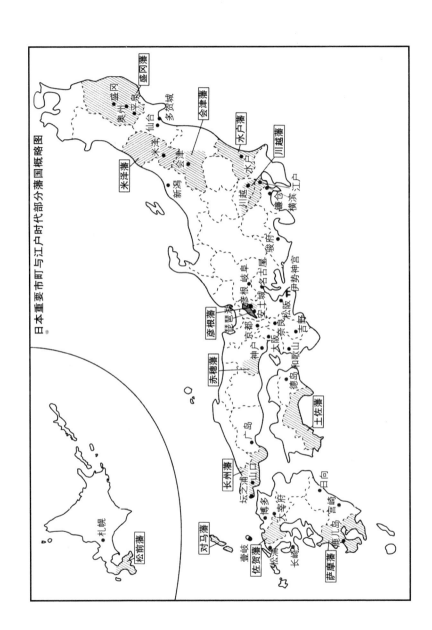

日本重要市町与江户时代部分藩国概略图

日本年表

南北朝

1336年	足利尊氏建立室町幕府；楠木正成战死；后醍醐天皇逃往吉野，南北朝对立。
1392年	南北朝统一。

安土桃山

1590年	丰臣秀吉灭北条氏，统一日本。
1592年	文禄之役（丰臣秀吉攻韩）。
1597年	庆长之役（丰臣秀吉攻韩）。

江户时代

1603年	德川家康任征夷大将军。
1615年	丰臣家灭亡（大阪夏之阵）。
1637年	岛原之乱（岛原天草一揆）开始。

1638年	岛原之乱结束。
1685年	采用涩川春海之"贞享历"。
1701年	赤穗藩主浅野长矩砍伤吉良义央,第五代将军德川纲吉惩其切腹并将赤穗废藩。
1702年	元禄赤穗事件。
1716年	第八代将军德川吉宗开始"享保改革"。
1767年	田沼意次担任八代将军的侧用人①,由其主导幕政的"田沼时代"开始。
1784年	田沼意知(田沼意次之子)被暗杀。
1787年	松平定信开始"宽政改革"。
1789年	尊号一件。
1790年	松平定信开始"宽政异学之禁"。
1797年	昌平坂学问所设立。
1814年	曲亭马琴《南总里见八犬传》开始连载。
1827年	赖山阳完成《日本外史》。
1838年	绪方洪庵创建适塾。
1841年	水野忠邦开始"天保改革"。
1842年	曲亭马琴《南总里见八犬传》连载结束;中国第一次鸦片战争结束。
1851年	洪秀全建立"太平天国"。
1853年	黑船来航。
1858年	井伊直弼开始安政大狱,吉田松阴被捕;《安政条约》签订;福泽谕吉创设庆应义塾。
1859年	吉田松阴被处死。

---

① **侧用人**:日本德川幕府时期将军的近侍,由第五代将军德川纲吉设置。主要职责是向老中传达将军命令和向将军转呈老中的奏章,地位等同与老中,但权势往往凌驾于老中之上。

1860年	井伊直弼遭暗杀（樱田门外之变）；亚罗号战争（第二次鸦片战争）结束。
1861年	孝明天皇之妹和宫下嫁第十四代将军德川家茂（公武合体）；美国南北战争开始。
1862年	安藤正信被袭击（坂下门外之变）；会津藩藩主松平容保就任京都守护职。
1863年	高杉晋作建立"奇兵队"；新选组成立，近藤勇担任局长。
1864年	池田屋事件；禁门之变（蛤御门之变）；久坂玄瑞自杀；第一次长州征讨；洪秀全病逝。
1865年	美国南北战争结束。
1866年	萨长同盟建立；第二次长州征讨。
1867年	坂本龙马向后藤象二郎提出"船中八策"；坂本龙马遭暗杀（近江屋事件）；美国自俄国购得阿拉斯加。

明治时代

1868年	大政奉还；明治改元；戊辰之战开始（鸟羽伏见之战、胜沼之战、会津之战、箱馆之战），近藤勇及土方岁三战死，会津白虎队自杀。英国制定《教育法》及《工会法》。
1869年	戊辰之战结束；靖国神社创建；版籍奉还；美国开通横断铁路，开始西部开拓。
1870年	废藩置县；意大利统一；法国第三共和政府成立。
1871年	岩仓使节团出发；德意志帝国建立；昌平坂学问所关闭。

1872年	初等教育学制公布；采用太阳历；第一条铁路开通（品川至横滨）。
1873年	岩仓使节团归国；设置闰月。
1874年	板垣退助开始自由民权运动。
1875年	江华岛事件。
1876年	日本与朝鲜签订《江华条约》。
1877年	西南战争爆发；东京大学创校。
1878年	大久保利通被暗杀（纪尾井坂之变）。
1879年	琉球处分。
1881年	俄国沙皇亚历山大二世被暗杀；板垣退助组成自由党。
1882年	大隈重信创办早稻田大学。
1885年	首任内阁总理大臣伊藤博文就任。
1889年	发布《大日本帝国宪法》。
1890年	公布《教育敕语》；橿原神宫创建；《日本事物志》出版。
1892年	吉野神宫创建。
1894年	韩国东学之乱；日清战争（甲午战争）。
1895年	平安神宫创建；清朝与日本签订《马关条约》；朝鲜闵妃被暗杀。
1897年	"朝鲜王国"更名为"大韩帝国"。
1900年	津田梅子创办女子英学塾。
1904年	日俄战争开始；国定教科书刊行。
1905年	日俄战争结束，签订《朴茨茅斯条约》；日比谷事件；夏目漱石发表《我是猫》。
1908年	夏目漱石发表《三四郎》。
1909年	安重根刺杀伊藤博文。
1910年	"日韩并合"。

1911年	中国辛亥革命。
1912年	明治天皇驾崩，乃木希典殉死；美浓部达吉发表《宪法讲话》。

大正时代

1914年	第一次世界大战爆发。
1917年	苏维埃联邦成立；《日本的每一天》出版。
1918年	第一次世界大战结束；寺内正毅内阁出兵西伯利亚；"米骚动"。
1919年	大韩帝国皇帝李太王驾崩；韩国"三一运动"；中国"五四运动"；巴黎和会。
1920年	明治神宫创建。
1921年	总理原敬被暗杀；华盛顿国际联盟会议召开。
1922年	《华盛顿海军条约》及《九国公约》签订；日本共产党成立。
1923年	关东大地震；裕仁皇太子遇袭（虎门事件）。
1924年	宪政拥护运动。
1925年	《普通选举法》和《治安维持法》颁布。
1926年	大正天皇驾崩。
1928年	十五国签订《非战公约》；日本暗杀张作霖（皇姑屯事件）。
1929年	世界经济大萧条。
1931年	"九一八事变"；侵华战争爆发。
1932年	"五一五事件"；伪"满洲国"成立。
1936年	"二二六事件"。
1937年	近卫文麿任总理大臣；卢沟桥事变爆发。
1940年	近江神宫创建；津田左右吉著作被禁，并遭到起诉。

| 1941 年 | 珍珠港事件。 |

昭和时代

1943 年	日本召开大东亚会议。
1945 年	硫磺岛战役；德国无条件投降；盟军登陆冲绳；波茨坦会议召开；美国在广岛、长崎投下原子弹；昭和天皇"玉音放送"；第二次世界大战结束；美国在日本设立驻日盟军最高司令官总司令部（GHQ）。
1949 年	国民党退守台湾；中华人民共和国成立。
1950 年	朝鲜战争爆发。
1951 年	部分"二战"战胜国与日本签订《旧金山对日和平条约》。
1953 年	朝鲜战争结束，签署《朝鲜停战协定》。
1956 年	越南战争爆发。
1960 年	《美日安全保障条约》签订；第一次安保反对运动（安保斗争）。
1965 年	日本与大韩民国缔结《日韩基本条约》；美国增兵越战。
1968 年	明治维新一百周年；司马辽太郎开始撰写《坂上之云》；东京大学医学院学生运动（东大纷争）；美国反战运动；法国学生运动；捷克斯洛伐克"布拉格之春"改革。
1969 年	东大安田讲堂事件。
1970 年	第二次安保反对运动（安保斗争）。
1971 年	大阪万国博览会。
1972 年	美军归还日本冲绳管理权。

1975 年	越战结束。
1976 年	洛克希德丑闻事件。
1995 年	东京地铁沙林毒气攻击事件；阪神大地震。
2001 年	美国"9·11"事件。
2010 年	"日韩并合"一百周年。
2011 年	辛亥革命一百周年。

目 录

8

中文版序

　　本书是《东大爸爸写给我的日本史》的续篇，讨论的是日本的近现代史。在日本，所谓的近代，一般是以1853年的"黑船来航"作为起点。就像中国以1840年的鸦片战争来划分古代与近代一样，都是基于重视"西方冲击"的历史认识。

　　正如在《东大爸爸写给我的日本史》的中文版序中提到的，日本历史一般划分为古代、中世、近世、近现代四个时期。既然前一本书结束于近代之前，作为续篇的本书，便只讨论剩下的近现代时期。不过，就像本书的正文会谈到的，本书中所涉及的近现代之始，比一般认为的近现代更早一点，开始于18世纪末。原因在于，日本在受到"西方冲击"之前，本身的内发性文化业已成熟。这里所说的

"成熟的日本文化"，其实是广泛渗透到日本各领域的中国或西洋知识体系——就是所谓的"汉学"与"兰学"，以及兴起于日本、重视日本独有的信仰与感性的学术（国学）融合在一起的文化。因此，就其内容而言，"成熟的日本文化"，本身就是受到"中西冲击"的文化。我是思想史的研究者，所以我想捕捉的历史不是政治史，而是以文化为中心的历史。

从"政治史"的角度来说，本书后半部提及的1895年到1945年的历史，其间台湾受到日本的极大影响。这正如琉球原本是独立国家，但在1879年以后，被日本吞并，成为"冲绳县"。我想表达的是：以政治史为优先的历史叙述，与以文化史为中心的历史叙述，是不一样的。我讨论的主轴是始于18世纪末的文化运动推演。

话说回来，本书谈的是近现代史，而日语中"现代"并没有包含"当代"的意思，所以，本书讨论的时代结束于1968年。不过，我们所生活的当代，对我们而言就是最切实的时代。当代是现在进行时，是还没有产生结果的时代。德国的某位哲学家曾说过，历史像傍晚以后才会出动的猫头鹰。而两千多年前中国的贾谊的故事里也提过猫头鹰，视猫头鹰为可以预言未来的动物。近年来，东亚的政治气氛波涛汹涌，这时更应借由文化力量，筑起国家与国家之间的友好关系，避免战争的爆发。学习彼此的思想文化，由此化解正在进行中的某些事态，才不会招致黑暗的降临，才可能迎接黎明的到来。本书若能成为迎接黎明的助力之一，作者实感荣幸。

先忧房主
小岛　毅
2013年1月18日

1　为什么要写日本史

制作"历史"

前作《东大爸爸写给我的日本史》完成到现在，已经过去一年了。那是以"我对你说"的方式来叙述日本历史的书。不过，书名虽然是日本史，却只叙述到江户时代就结束了。因为那本书赢得了一些书评与网络上的好评，所以我也就得意忘形地写了"下集"。

前作从《古事记》^①和《日本书纪》^②所描述的"日

---

① 《古事记》:奈良初期所编纂的天皇家神话。分为上、中、下三卷，叙述从神武天皇到推古天皇，以天皇、皇子们为中心的故事和系谱。是日本最早的历史书籍，内容多有私人故事，带有皇家私藏故事书的性质。

② 《日本书纪》:日本流传至今最早的编年体正史，共30卷，为六国史之首（《日本书纪》《续日本纪》《日本后纪》《续日本后纪》《日本文德天皇实录》《日本三代实录》）。由舍人亲王等人所撰，720年（养老四年）完成，记述了神代至持统天皇时代的历史。全书以汉文书写。后来与《古事记》并称为"记纪"。

本"形成过程,开始讲述"日本的历史"。《古事记》和《日本书纪》这两本书,是在当时政治当权者的主导下,由学者整理写作的历史书。如今这两本书虽被归类为"神话",被认为是虚构的、故事性的记录;不过,正因为这些故事性的记录被人们一代代阅读,所以"日本"这个国家才得以存在。换言之,所谓"日本国",并不仅仅是地理性的,不是因为自然界里有日本列岛才存在的国度;而是基于被记录下来的,而且被记忆在人们心中的"日本历史"而孕育出来的文化才形成的国度。所以,我特意不在前作中触及绳文时代。因为绳文时代生活在如今我们称为"日本列岛"上的人,应该并没有自己是"日本人"的意识。

关于这一点,我在前作也曾指出,相信"日本这个国家形成的故事是历史事实"本身,就是一件很危险的事情。

编纂《古事记》和《日本书纪》的人,根据他们自己的立场或想法,写下这样的历史书。当时,日本是"创造出这片土地的神明之子孙,由以天皇为称号的王所治理"的国家。对外,面对中国、韩国等国,拥有自我的意识;对内,则对各个受到外国政治文化强大吸引的地方势力,仍然维持有效的影响力。如果没有《古事记》和《日本书纪》,日本应该就不是现在的日本了。

举例来说,现在我能使用"日语"来写这本书,就是因为有"日本"这个国家的缘故;"日语"拥有被书写的功能后,我才能用它来写这本书。从前的人在编纂《日本书纪》时，"日语"还没有被书写的功能，因此，《日本书纪》是用"汉文"编写而成的。《古事记》也一样，是使用中国的文字或文法的特殊文体所编成的书。

话虽如此，日本这个国家的存在是否值得歌颂，则是另外一回事。虽然日本是现实世界里确实存在的国家，也让我们受惠良多，可是，我们却不能因为这样就认为"日本是有着悠久历史的国家，理所当然是今后也会继续存在的国家"。如果深信如此，那将无法了解历史的真相。因为，日本之所以是日本，并不是只靠日本的力量就形成的。

有外国，才有"日本"

作为国号的"日本"二字，使用的就是外来的文字——"汉字"。7至8世纪时的政治当权者也是因为意识到外国的存在，才会决定以"日本"二字，作为自己组织起来的政治体的名称。

更早以前，中国人和韩国人称日本为"倭"。他们大概认为，"倭国"的政治领导者会心甘情愿地接受这个名称，并且称倭国的君主为"王"。就像邪马台国的卑弥呼被称为"亲魏倭王"一样，这是等级低于中国皇帝的称号。

然而，不久之后，倭国的国内就有了"我们君主的称号，必须与中国（唐）君主的称号对等"的呼声，并且宣称要与中国成为对等的国家。于是便以"天皇"作为政治领导者的称号，舍弃以"王"治理的"倭国"，而成为由"天皇"治理，并以"日本"为国号的国家。

从此以后，住在日本列岛上的人们，在与国外往来日益频繁的情况下，"日本"的意识变强了。或许以下的比喻，会让人更容易明白这样的关系。一个自出生以后一直住在 A 县的人，平常并不会特别注意到自己是 A 县人，但读大学时他离开了故乡，来到大都市，平时会和来自其他县市的人往来，这时就会意识到自己是 A 县人。此后，他就算回到故乡了，也会随时存在自己是 A 县人的意识。

要学习日本的历史，就必须重视与外国的往来。我一直认为，如果日本人只和日本人生活在一起，基本上就没有"日本史"存在的必要性了。因为那种情况下的"日本史"，必然充满了同侪之间自我满足的言论，是没有对外敞开门户的日本史。

我想告诉你的日本史，是你们从现在开始，在必须与外国密切往来的环境下生存时，应该知道的日本史。

近代始于何时

本书要谈论的对象，是前作没有论及的近代日本历史。这时的日本历史与江户时代的锁国（前作已经说明过，这其实是一个不恰当的说法）时期的日本历史大不相同，是在与外国有着频繁往来的情况下形成的一段历史。因此，与其说"近代"的时代划分是基于结束江户幕府的明治维新所造成的日本国内政治变革，还不如说是因为日本受到了比以前更多的国际影响。日本历史教科书中的近代，也是从结束幕府的"开国"①开始的。

后文我将会谈到为何我并不同意这样划分的理由。黑船事件——美国海军舰队司令官佩里准将，以美国总统特使的身份来到日本——被视为是日本近代史的开端。由于此事件，日本人才建立起"西洋诸国正在带动世界历史的运转，而日本不过是构成这个运转中的一个要素"的观念。中国也有类似的看法。一般认为中国的近代史，是在鸦片战争（1840—1842）中国败给英国后才开始的。不只中国和日本如此，许多亚洲、非洲国家，都有在与西方国家正面接触后，受到所谓"西洋的冲击"（western impact）的强大影响才迈入近代的说法。不过，我的看法是，绝不能一口咬定就是如此。

---

① **开国**：与"锁国"相对。1853年，美国东印度舰队司令官马修·佩里（Matthew Calbraith Perry）率领军舰，在江户湾的浦贺叩关。此次事件被称为"黑船来航"。佩里携带美国总统的国书向江户幕府致意，最后双方于次年（1854年）签订《神奈川条约》（《日美亲善条约》）。1858年（安政五年），日本又被迫与美国、荷兰、俄国、英国、法国分别签订通商条约，总称《安政条约》。这标志着日本两百多年的锁国时代被西方列强终结。

因此，本书要从比"开国"更早的18世纪末开始说起。既然我的专长是思想史，我将以思想史的角度切入，这样可以更方便观察与明治维新相关联的行动。很凑巧，美国的独立（1776年）、法国大革命（1789年），还有英国的"工业革命"（最近似乎有认为不值得用如此夸张的说法的研究倾向）等西方国家发生大变革的时间，也在这一时期。而正是这些大变革，给亚洲、非洲诸国，带来前文所说的"西洋的冲击"。

"虽然日本历史与世界息息相关。不过，也不能因此就产生以西洋的历史为中心的看法。"

这句话，就是我想在这本书中所采取的立场。

2 重视外人的看法

重新调整对日本的看法

近十年来，以"自古以来，日本就是一个伟大的、在世界上拥有特殊存在性的国家。我们应该引以为傲"为论调的书，格外引人注目。这让我想起20世纪90年代前期日本泡沫经济初露端倪的时候。我将这种现象解释为：这是日本人为了找回自信而做的努力。

在此之前的数十年间，日本的经济一直发展不错，所以亲属朋友之间用不着特别强调"我们是很棒的"，也能够拥有自信心。可是，当泡沫经济崩溃，快速发展停滞时，日本人开始对未来产生不安，再加上看到中国、韩国等邻近的亚洲国家的经济成长，一直以"亚洲唯一的先进国家"自居的日本人信心动摇了。为了治愈"日本到底怎么了？"

的忧虑，于是产生了"日本的历史与传统是伟大的"这样
自吹自擂的论调。

或许这种自我治愈的方式并非不好，但是，我认为这
种做法和用"日本是经济大国"来愉悦自己一样，都是一
种自我满足而已，缺少"重视外人看法"的态度。

"日本拥有自古传袭的一贯性历史与传统，是世界上
独特的国家。"这种说法的成立前提在于，这个世界存在
着没有一贯性历史与传统的国家。没错，这个世界确实存
在着许多没有一贯性历史与传统的国家。

各式各样的国家形成之法

首先要提到的国家是美国。美国这个国家是1776年时，
由一群拥有"脱离英国而独立"思想的人，为了实现人类
的普遍价值——"自由"而发表了《独立宣言》促成的国
家。因此，美国和日本（如前述，自吹自擂日本有多么伟
大独特的人所想象的"日本"）是不一样的，美国不存在
类似于"如果是日本人，就应该非常尊重日本的历史和传
统"这类鼓舞爱国心的论调。

美国是"自由"至上的国家，让全世界获得"自由"，
便是美国自称其存在的意义。所以，美国会因为世界其他地
区的战争而派兵海外。例如距今约70年前，美国的军队

轰炸日本各地的理由，并不是为了消灭日本以称霸世界，而是因为日本违反了国际规则，侵略了中国及其他亚洲国家。

1776年以前，世界上根本没有"美利坚合众国"这个国家。美国人很清楚这一点，而且并不认为这是羞耻的事情。美国并不是由数百年来居住在那片土地上的人的子孙所建，而是一个由移民建立起来的国家，这是美国人的骄傲。所以说，美国并没有"一贯性历史与传统"。

其次要提到的，是波兰。波兰和美国不一样，拥有相当久远的历史。波兰王国曾经是比俄国、德国更强大的国家。但在18世纪时，波兰王国因为军事实力不如东西两边的邻国，在处于劣势的情况下，独立的波兰王国被消灭了。在被邻国瓜分之后，原本属于波兰王国的人们变成了沙俄人、普鲁士人、奥地利人。然而，在仍然说着波兰语的他们的内心里，一直存在着"祖国"波兰。

第一次世界大战后，波兰复国了。这是因为东边的俄国爆发了革命，而西边的德国与奥地利又是战败国，所以波兰幸运地复国了。曾被三个国家瓜分的波兰，在这三国弱化时，再度取回了政治上的独立。然而，波兰的灾难并未就此终结。波兰复国20年后，西邻的德国纳粹政权以"收复失去的领土"为名（再次占领因第一次世界大战战败而失去的波兰领土），举兵攻打波兰；而东邻的苏维埃联邦（简称"苏联"）斯大林政权，则以建立西部防线为由，出兵波兰。

但德国在第二次世界大战中又战败了，所以波兰得以继续存在，而且还扩大了西边的领土，因为西邻的德国领土缩小了。但同时，东边苏联的领土却也向西边扩大了。所以相当于波兰这个国家由东往西整体移动了。因此，波兰境内多出了不少非波兰语母语的德语系居民。在欧洲诸国中，和波兰有着相同经历的国家不在少数。欧洲存在着许多以个别国家之力所无法解决的漫长历史问题，这或许也是欧盟（EU）这个组织出现的原因之一吧！

不管是美国还是波兰，都是以自己人民的意志建立的国家。然而，很多亚洲或非洲国家的存在，却是由自己人民意志以外的因素决定的。

菲律宾是在16世纪时才成为"菲律宾"的。当时西班牙占领南洋诸岛，整合为殖民地，并以当时的西班牙王子（后来即位的西班牙国王菲利普二世）之名为国名。印度尼西亚的情况与菲律宾相同，它曾经是荷兰的殖民地。而与印度尼西亚比邻的马来西亚，则曾经是英国的殖民地。生活在这两个国家的人，是早期的历史与传统都很接近的民族的子孙，所以印尼语与马来语非常相似，事实上甚至可以说它们是同一种语言。①

也举一个非洲国家的例子吧！日语中ナイジェリア

---

① 马来语（Bahasa Melayu）在语言分类上是属于南岛语系的马来—波利尼西亚语族，主要使用于马来西亚、泰国、新加坡、文莱、菲律宾以及印尼苏门达腊岛的部分地区；而印度尼西亚语（Bahasa Indonesia）是以廖内方言为基础的一种马来语，是印度尼西亚的官方语言。

（Nigeria，尼日利亚）与ニジェール（Niger，尼日尔）这两个国家，虽然称呼不同，但其实是同一个国家，以流经该地区的河流尼日尔河为国名，只是前者是英语发音，后者则是法语（日语都用片假名来表示）。①

16世纪以后，西方国家纷纷向海外发展，尤其是在19世纪的殖民地竞争中，西方国家纷纷在亚洲或非洲划定"国境"。而那些"国境"在各地区"独立"后，仍被继续使用。然而，殖民时期留下的国境线，是由西方统治者划定的，与各国历史上的状态，并没有多少联系。

为什么要学习历史

如此看来，日本确实让人觉得是一个特别的例子。所以"日本人应该为此而对自己有信心，并一定要维护日本国家的统一性和固有文化"这样的主张，也不是全然没有道理的。

日本自古以来（至少是《日本书纪》编成之后的8世纪以来），就以"日本"为国名，这的确是历史事实。但

---

① 尼日利亚与尼日尔两国的最大部族都是豪萨人，15—16世纪都是萨赫勒地区的土著大帝国桑海帝国的组成部分。尼日利亚1914年成为英国殖民地，称"尼日利亚殖民地和保护国"；1960年宣布独立。尼日尔1922年成为法国殖民地，1960年宣布独立。

是这件事情本身，并不值得尊敬。日本能够以"日本"的面貌延续至今，这代表什么意义呢？不要自认为特别而自满。在与其他国家的历史做比较后，在日本生活的你们，准备以后如何继承这个国家呢？（当然，"不继承"也是一种选择，其中也包含了"让日本成为美利坚合众国的第51个州"这个选项。）为了能够思考这些问题，一定要好好学习和日本有关的历史。

3　江户时期的两种历史意识

商人和武士的自我意识

我在前作中提到，8世纪形成的关于"日本国"的历史认识，在18—19世纪的"锁国"体制中发生了变化，日本人因此对"日本"产生了新的自我意识。关于这个新的自我意识，我们就在这里复习一下吧！

我认为这个自我意识可以分为两个方面。

其一是以商人阶层为主体的自我意识。在江户时代，商人积蓄了力量，在文化上也占有一席之地，从他们的立场出发的日本意识，在其阶层之间扩散。在近松门左卫门①

---

　　①　近松门左卫门（1653—1725）：日本江户时代前期木偶净琉璃及歌舞伎的剧作家，被誉为"日本的莎士比亚"。他的净琉璃剧本可分为时代物（历史剧）、世话物（社会剧）、心中物（情死剧）和〔接下页〕

的戏剧里，就有"日本是神之国，是不同于中国或印度的国家"的台词；而日本学者本居宣长[①]则提出"日本是比外国更优秀的国家"之主张。诸如此类的观点，其实以前并非没有，只是，那时提出这类想法的人，是接近政治权力中心的人，是朝廷中的官员或僧侣。本居宣长不是朝臣也不是僧侣，而且接受其主张的人群，大都不是有政治权力的人，除了都市里的商人外，很多是农村里的百姓。也就是说，"日本是比外国更优秀的国家"的历史认识，已经被推广到普通人的意识里了。

其二是来自部分拥有武士身份的统治者阶层的自我意识。外国的侵略让他们产生危机意识，于是通过美化日本历史的运动，以巩固自己的信仰。这里所说的"外国"，并不是亚洲诸国，而是西方国家。从 18 世纪后半叶起，经常有俄国、英国的船只出现在日本沿岸，迫使日本不得不改变锁国体制。武士们认为基督教是可怕的异端邪教，

〔接上页〕折衷物（兼社会和历史剧）。其中，世话物和心中物影响较大，他将江户戏剧由市井说唱推上了艺术的高峰。代表作包括《曾根崎情死》《冥土传书》《大师经昔历》《情死天网岛》《国姓爷合战》等。

①　**本居宣长**（1730—1801）：日本江户时代的思想家、语言学家，日本国学的集大成者，与荷田春满、贺茂真渊及平田笃胤并称为"国学四大名人"。长期钻研《源氏物语》《古事记》等日本古典作品。其古典研究，运用实证的方法，努力按照古典记载的原貌，排除儒家和佛家的解释和影响，探求"古道"。提倡日本民族固有的情感"物哀"，为日本国学的发展和神道的复兴确立了思想理论基础。

为了对抗邪说，有必要重新确认《日本书纪》中所阐述的日本历史。自从天神"建国"以来，就已经决定了由他的子孙以"天皇"的名号治理这个国家，所以不管未来有多少劫难，都一定要继续保护这个国家。他们把日本"国家的形式"，称之为"国体"。

"尊王攘夷"的口号

社会的庶民阶层和拥有政治权力的武士阶层，虽然拥有各自的自我意识，但两者的思想运动混合在一起，即造就出"尊王攘夷"的口号。

"攘夷"的"攘"是"赶走"的意思；而"夷"是指"没有受到文明熏陶的野蛮人"。来日本要求商业贸易的西洋人都是野蛮人，不可以让他们接近日本，必须赶走他们，这就是"攘夷"的主张。然而，19世纪的欧洲是一个经济繁荣、艺术文化遍地开花的地方，对现在我等日本人而言，那时的欧洲绝对是令人憧憬的。然而，为何19世纪的日本人会认为同时代的欧洲人是"没有受到文明熏陶的野蛮人"呢？

原因不在于两百年的锁国体制下没有人去过外国，而是因为日本人仅凭对外国的想象，便下了那样的言论。而且由于不愿意去了解外国，就一味地沉浸在"日本是全世界最优秀的国家"的自我满足之中。"攘夷"这种"以上俯下"的口号，明明白白地显露出无知者的恐惧心理。如果他们能够多多少少知道一些"地理"或"世界史"，就不会用"没有受到文明熏陶的野蛮人"来形容经历了工业革命、整个社会都欣欣向荣的欧洲了。

没错。在学习"日本史"的同时，还要兼顾学习"世界史"或"地理"，这样的学习才会更有意义。当我还是高中生时，每一个科目都是必修。但现行的"宽松教育"，却让学生只需要选择一个科目即可。我认为这是错误的决定，让人感到忧虑。"过则勿惮改"①——对还是高中生的你们说这些是很无奈的，只是希望那些政治人物们能了解到这一点。难道是因为"无知者"比较容易管理，所以故意执行错误的政策吗？啊呀！我说漏嘴了，说漏嘴了。

再回来谈"尊王攘夷"吧！

刚才已经说过"攘夷"的意思了，现在来说什么是"尊王"，即"尊敬并服从王"。这里的"王"，并不是江户幕府的"将军"，而是指皇帝，也就是日本天皇。

天皇是日本之王，是前面介绍过的日本"国体"的象征。《日本书纪》中记录着天照大神的宣言："天壤无穷"，意思是"我的子孙与宇宙同在，永远治理日本"。尊王思

---

①   语出《论语·学而》："子曰：'君子不重则不威，学则不固。主忠信，无友不如己者。过则勿惮改。'"

想以天照大神的宣言为基础，凡是日本人都应该以恭敬的心，遵从天照大神的宣言，为守护此宣言而不惜粉身碎骨。所以说，当天皇遭遇危机时，就算牺牲生命，也一定要维护天皇的地位。而"没有受到文明熏陶的野蛮人"，似乎就要从海的那边攻过来了。于是，担心发生这种状况的人们决心维护"天壤无穷"的"国体"，因而集结在天皇的周围。不过，他们认为应该率先贯彻尊王攘夷思想的江户幕府，却软弱地与外国人缔结合约，开放日本的门户。所以一部分推动尊王攘夷运动的人，便发出了旨在推翻幕府的"倒幕"呼声。

如果江户幕府将军不能谨守尊王攘夷的政策，那么就应该被推翻，再成立以天皇为中心的新政府。在这样的革命思想下，"明治维新"出现了。

人才辈出的原因

明治维新的经过非常复杂，我会在后文再次提到。不过，我要在此先做一个大概的说明。为了尊王攘夷而进行的以天皇为国家政治中心的革命性运动，其结果竟是让日本走上文明开化的道路，成为西化的近代国家。如同我在前作中提到的，这是历史的讽刺。在明治维新的过程中，有不少被文明开化路线用掉的"幕末志士"。以幕末志士为主角的许多小说、传记，你们应该都看过吧！19世纪确实出现了许多拥有特别魅力的人物。

不过，本书并不是传记。关于吉田松阴在想什么，或坂本龙马做了什么事——其实坂本龙马什么也没有做——之类的书，坊间已经有很多了，请你们一定要找来看看。至于本书想要讨论的，并不是值得歌颂的伟人或值得崇拜的英雄，而是那时的日本人在想什么，做什么。我已在前作中强调过，背诵人名或历史事件，不是学习历史的正道。如果可以的话，我的理想是写出完全不使用专有名词的历史书。然而，这显然是我办不到的事情，因为这本书里仍然出现了大量的人名或历史事件。当你们看到那些专有名词时，请你们不要像读教科书时一样，用荧光笔在书上画线做记号，快速翻阅就好。

回到我们的问题：为什么19世纪时，日本会出现那么多充满魅力的人物呢？我认为原因在教育。

4 支撑"世袭"的"忠义"理论

围绕着赤穗浪士的困境

1701年3月，江户城的松之廊下，发生了一起伤人事件①。赤穗藩藩主浅野内匠头②，在松之廊下刺杀首席高家吉良上野介③。"高家"是掌管仪式和典礼的官员，而吉良

---

① 即"元禄赤穗事件"。1701年（元禄十四年），东山天皇派出敕使由京都前往江户，幕府第五代将军德川纲吉为了迎接，特地命令赤穗藩藩主浅野长矩为"御驰走役"（接待人员），并由熟悉朝廷礼仪的首席"高家"吉良义央协助。而吉良义央却任由浅野长矩错漏百出，闹出笑话。浅野长矩惭怒交加之下，拔刀砍伤吉良义央，随即被命令切腹，没收家禄。1703年，赤穗家老大石内藏助率家臣47人夜袭吉良宅邸，刺杀吉良义央。

② **浅野内匠头**（1667—1701）：即浅野长矩，赤穗藩第三代藩主。"内匠头"为官职称谓，官位从五位下。

③ **吉良上野介**（1641—1703）：即吉良义央，"上野介"〔接下页〕

家又是属于室町幕府足利将军家的一支。事件发生后，将军德川纲吉立刻下令浅野切腹，并将赤穗废藩；而吉良因为没有拔刀，被认为值得夸奖而完全没有被追究责任。然而，因为只有单方面受到惩罚，废藩后变成浪人的浅野家家臣就决定"为主君报仇"，终于在次年年底攻入吉良家，杀死了吉良上野介。

这个事件一被传开，马上成为绝佳的戏剧题材。当时正是近松门左卫门活跃的时代，此事自然也变成了他的创作主题，也就是著名的《忠臣藏》。如今"忠臣藏"这个词，已经成为这个历史事件的代名词了。

《忠臣藏》的正式名称是《假名手本忠臣藏》。当时袭击吉良家的赤穗浪士共有47人，人数与日语假名数相同，所以被冠上这个称呼（实际上只有46人）。因为他们的行动是为了替主君报仇，所以后世便以"忠臣"二字来赞扬这47名杀手（见第22页，图1）。

幕府一方面防范民众同情支持赤穗浪士的报仇行动，但是一方面又嘉许他们是忠臣的行为，所以没有严加惩罚。因为"忠"一向是幕府推崇的道德标准。

江户幕府是以德川本家担任征夷大将军为原点的军事

〔接上页〕为官职称谓，官位从四位上。吉良氏在室町时代是身份显赫的名门，有"下马众"之称，即其他大名在路上遇见他们时，必须得下马以示尊敬，其地位相当于江户时代的御三家。不过随着室町幕府的灭亡，吉良家也逐渐衰落。

组织。1615年的"大坂夏之阵"①并没有爆发最后的战争，而1638年结束的岛原之乱②，最后也没有演变成大规模的军事动员，这代表江户时代仍然是相当和平的时代。不过不管怎么说，幕府都是"以军事组织行使政治大权"的机构。服从幕府领导的诸大名是德川将军的臣属，承担该军事组织中的部分职责，治理将军赐予的领地。这是一支庞大的军队。

军队里最重要的是上下级间的秩序。德川家康要求直属臣下，或丰臣秀吉时代同为臣下的大名，必须绝对服从自己。而他也确实是有那样能耐的人。

---

① **大坂夏之阵**：大坂即今日的大阪，明治维新时由于忌于"坂"字可拆为"士反"，有"武士造反"之讳，所以于1870年（明治三年）更名为"大阪"。大坂夏之阵是大坂之战的组成部分，是1615年5月江户幕府与丰臣家的对战。随着真田幸村的阵亡，大坂城破，丰臣秀赖被围困自尽，丰臣氏灭亡。

② **岛原之乱**：亦称"岛原·天草之乱"。1637年（宽永十四年），岛原半岛及其南方的肥后国天草群岛出现大饥荒，岛原藩藩主松仓胜家仍然按照旧例征收年贡，并将交不起年贡的数名农民残酷处死。恶劣的生活环境使因被禁止而沉寂的天主教信仰再度复兴，秘密信教以逃避残酷现实的平民越来越多。10月，岛原与天草地区相继爆发一揆，后两股起义军合流，以原城为据点，在城头竖起了十字架和"万物为一体，尊卑无区别"的大旗，其领袖是年仅16岁的少年天草时贞（又称"天草四郎"）。1638年，幕府派出的松平信纲采用围困战术，最终攻陷原城，并下令屠城。由此幕府决定彻底禁教，之后更推行了长达两百余年的锁国政策。

图1 歌川国芳绘,《假名手本忠臣藏　十一段目》

支撑平庸者的"忠义"结构

然而，当将军的职位变成世袭时，当家做主之人的器量就会变小了。我觉得这是普遍存在于人类史上的真理。政治是不能够世袭的。但若想要世袭，应该怎么办呢？自古以来，为了延续权力的世袭，让平庸的人也能继承权力的方法，就是"忠"这个字。

"忠"是儒学的用语，意思是"奉献真诚的心给他人"。但是这个字在古代中国，却被用于规范以皇帝为顶点的官僚体制，并使世袭秩序正当化。尽"忠"的对象不是一般人，而是只对君主。对君主奉献诚实的心，也就是对君主有忠诚心。与"忠"一样，被视为是对君主应尽的道德还有"义"，这两个字经常被连在一起使用。即使对象是没有什么魅力的人物，甚至是无法让人服气的对象，只要他是君主，就必须服从他，为他尽忠义之道。

江户时代的日本，幕府对诸大名或旗本①的要求，就是忠义二字。若非这个要求，平庸的世袭将军的权威早就消失殆尽了。就像大名或旗本必须对将军尽忠一样，大名或旗本的家臣们也被要求必须对主君尽忠义之道。而这些家臣们若还有自己的家臣，他们之间也同样存在着尽忠义

---

① **旗本**：江户时代石高未满1万石的将军的直属家臣，通常是一些失格的大名以及部分大名家的末子。这些无根基的旗本经常为大名所倚重，同时他们也依赖于大名。

的关系。就这样，在一层一层的忠义结构下，平庸的世袭将军也可以站在权力的顶点。

所以，对赤穗藩的家臣们来说，他们必须对主君浅野内匠头尽忠义之道。主君在江户城中拔刀相向，想要一解心头之恨的对象吉良上野介竟然没有受到任何惩罚，还好端端地活着。对赤穗藩的家臣们而言，这是无法容忍之事。浅野家被废了，名义上他们与内匠头的主从关系应该已经结束了，不过变成浪人的他们的忠诚心却一点也没有消减。经过艰苦的一年又九个月，他们终于成功地暗杀了吉良上野介。

幕府有维护江户城治安的责任，因此便以"赤穗藩家臣们的行为严重破坏江户的治安"为由，命令他们与主君一样切腹自杀。幕府以此治罪赤穗浪士。不过，幕府中也有不少同情论者，认为赤穗浪士实践了忠义的美德，不应该被处罚。为了与这样的意见取得平衡，幕府也处罚了许多本应在吉良邸保护主君但却在其遇刺时逃走的人。吉良上野介的养子（其实是上野介的儿子成为米泽上杉家的养子后所生的儿子，实际上是上野介的孙子）①也受到处罚，吉良家这回也被灭门了。

---

① 吉良上野介的妻子是米泽藩上杉家第三代藩主上杉纲胜之妹。因上杉纲胜在无子嗣的情况下过世，上杉家便以吉良上野介的长男为养子，即为第四代藩主上杉纲宪。后因上野介次子夭折，所以再收上杉纲宪之子（也就是上野介的孙子）吉良义周为养子。

如何？想象一下吧！某天，一群对我怀恨在心的无赖闯进家里对我行凶，你因为在我被杀时没有为我而战所以受到了刑罚。你能想象这样的情形吗？命案中受害人的遗族，为什么非受惩罚不可呢？所以我觉得赤穗事件中，最值得同情的人，就是吉良上野介的孙子了。

为什么会有那样的结果？原因在于幕府推崇忠义。然而，这种倾向也让幕府的财政陷入困境，政治上的权威也随之动摇。不过为了维持政治上的权威，又必须更强调忠义的重要性。

重复的世袭人事

说到江户城中的流血事件，赤穗事件当然是最有名的。除此之外，江户城内还发生过其他事件。1784年，当时掌握极大权势的老中①田沼意次②之子——官拜若年寄③的田

---

①　**老中**：江户幕府的官职名，职位大致与镰仓幕府的"连署"、室町幕府的"管领"相当。老中是征夷大将军的直属官员，负责统领全国政务；在未设置大老的情况下，老中是幕府的最高官职。老中定员四至五名，采取月番制，轮流管理不同事务。原则上从25000石领地以上的谱代大名之中选任。

②　**田沼意次**（1719—1788）：江户时代中期的武士、大名，远江相良藩的初代藩主。原为纪州藩的下级武士，第七代将军德川家继死后无嗣，由纪州藩藩主德川吉宗入主江户，田沼意次随之〔接下页〕

沼意知，也成了流血事件中的牺牲品，他和吉良不同，当场被杀了。

当时的田沼意次是政治上的大人物，官位如同今日的首相。他的儿子田沼意知担任若年寄，相当于今日的内阁成员。虽说江户时代认同世袭制，但父子两人同时掌握大权的情况，仍旧是不寻常的。在江户城内发生的流血事件，据说正是因此而起。杀死了田沼意知的人，也和赤穗浪士一样，得到了一般民众的支持，还被世人称为"改革世界的大明神"。

田沼意知被杀事件，使他父亲的权势蒙上了阴影。终于在将军换代时，田沼意次失势，由松平定信①取得了辅佐新将军的老中之职。

松平定信是第八代将军德川吉宗的孙子，他能坐上老中的位置，也和世袭的制度脱不了关系。松平定信以自己

〔接上页〕而行。经历三代将军统治（德川吉宗、德川家重、德川家治），尤其得到德川家治的宠信，1772年（安永元年）被破格提拔为老中。从1767年（明和四年）至1786年（天明六年），在田沼意次的改革下，江户幕府采取重商主义的政策，发展商会，鼓励贸易，史称"田沼时代"。

③　**若年寄**：江户幕府的职务名称。直属于将军、地位仅次于老中的重要职务。管理老中职权范围以外的诸如旗本、御家人等官员。

①　**松平定信（1758—1829）**：江户时代的大名、政治家。江户幕府第八代将军德川吉宗之孙，陆奥国白河藩第三代藩主。天明七年（1787年），担任老中，实行宽政改革：重建幕府老中协议体制，推行抑商重农政策，振兴武家纲纪，整顿财政，禁止异学。宽政五年（1793年），改革以失败告终，松平定信辞职。

是"吉宗之孙"为傲，因此在政策上极力标榜回归吉宗时代，这等于是在宣告田沼时代的终结。松平定信所实施的一系列政策，因当时的年号而被称为"宽政改革"，教育改革便是其中一项。

5 松平定信的教育行政

  白河の清きに魚のすみかねて、もとの濁りの田沼恋しき

  （白河清澈得鱼都难以栖息，所以怀念起原来污浊的田沼。）

  世の中に蚊ほどうるさきものはなし、ぶんぶ（文武）①といふて夜も眠れず

  （世间再也没有像蚊子那样吵闹的东西了，嗡嗡地让人夜不成眠。）

---

  ① ぶんぶ，发音 bunnbu，意为文武，与日文中形容蚊子嗡嗡声的ぶんぶん发音近似。

文武并行

这是日本教科书上都引用过的两首嘲讽宽政改革的狂歌①。前一首说的是，清廉的松平定信施政，反而让世人觉得生活困难，怀念起充满贿赂与贪污的田沼时代。歌词中的"白河"，是松平定信作为藩主时的领地，位于现在的福岛县白河市。另一首狂歌则表达了对松平定信教育改革的不满，讽刺其在教育上的口号——"文武"。

"文武并行"这种说法现在还常常被拿来使用，是指同时重视"文"和"武"两方面的发展。所谓"文武并行"的学校，通常是注重运动风气的升学学校；这句话也常被重视学业的运动社团拿来作为口号。历史上在教育行政领域，首次明明白白地将"文"和"武"放在同等重要地位的人物，或许就是松平定信吧！

如同前述，江户幕府是一个以军事组织的形态来处理与人民有关事务的政府，也就是所谓的军事政权。武士本来就是军人，"了不起的武士"可以解释为优秀的军人，他们剑术高明，还很擅长射箭与枪法。军人的本业是打仗，然而武士还要负担行政工作。

不过，并不是所有武士都必须参与行政事务。武士之中只有一部分人"也能做行政工作"，他们被赋予行政职

---

① **狂歌**：江户时代流行的鄙俗和歌。

务。武士的基本工资是俸禄，是以军人的身份，从主君那里领受的。而行政职属于武士的业余工作，其所得就是特别津贴，不包含在俸禄之中。也就是说，即使没有特别的行政事务工作，武士也能领到俸禄。这种情况和现在大学老师的境遇颇为相似，教学生和做研究才是大学老师的本业，而行政工作则是次要的事情。不过，我所认识的在大学里教书的人，几乎都因为行政工作而忙得团团转。

暂且不提这个。无论如何，武士没有非做学问不可的必要性。在注重体魄的武士眼中，做学问的人或许还是"软弱"的代名词。因为既然是武士，只要懂"武"就够了。

自江户幕府成立以后的约两百年，在松平定信看来，只会武艺的武士是落伍的武士。因此，他致力于奖励"学文"。当时不只使用"学问"二字，也用"学文"，语源来自于汉语的"学习文章"。

朱子学与徂徕学

这里所说的"文"，是指中国或日本的古代典籍；而儒家思想则构成了"文"的中心。松平定信本人就是一位热心的儒学信奉者。

当时的朱子学，是全东亚地区的儒学主流。不过，日本却在江户时代早期，出现了很多批评朱子学的思想家，并且纷纷成立自己的学派。而其中最具影响力的，是以荻生徂徕①为首的学派。当时对这个学派的称呼有很多种，但现在通称为"徂徕派"。

朱子学继承了孟子的"性善说"，以提高人的道德性作为维持社会秩序稳定的目标。但徂徕学不相信这样的性善理论，其立场更接近于荀子的"性恶说"。也就是说，徂徕学认为，人的道德性是不可信的，所以应该通过订定严格的制度或组织（儒学用语称之为"礼乐刑政"）来教化一般人，以实现理想世界。在中国，为了再现很久以前出现过的理想政治，所以有必要学习当时的语言。"语言"是文明的基础。擅自将自己现在使用的语言硬套在古代，并不能帮助我们了解古代的事。徂徕学的这种思想，称之为"古文辞学"。

学习古文辞，最重要的是实际使用。以徂徕老师为首，这一派的学者不论写汉诗还是文章，都使用古文辞创作。

---

① **荻生徂徕（1666—1728）**：日本德川时代中期的哲学家、儒学家，被认为是江户时代最有影响力的学者之一，古文辞学派（萱园学派）创始人。本姓物部，名双松，字茂卿，号徂徕、萱园。其治学以朱子学为基础，但受到明朝文人李攀龙与王世贞的古文辞学的影响，驳斥了朱子学中形而上学的部分，认为修身、齐家、治国、平天下之间并不一定有直接关联；否定了宋儒关于"道"自然地与天地共存的传统观念，区别了自然界和人类社会的不同规律。他主张经世思想，对日本的国学有深远影响。

不过，使用古文辞写作的文章，让人感觉硬邦邦的，毕竟使用的语汇都是来自很久以前的中国古典文学，与当下的常用词语有很大差异，更有许多后代人难以理解的用法。然而，这样的古文辞却颇得支持，在18世纪风靡一时。

松平定信的改革以驱除徂徕学为目标，这就是出现在教科书里的"宽政异学之禁"。所谓的"异学"，主要指的就是徂徕学；而与"异学"相对立的，自然是"正学"，便是松平定信提倡的"朱子学"。松平定信认为，标新立异的徂徕学对青少年的教育没有帮助，而朱子学的"性善说"则有利于提高人的道德性，是更适合用在教育方面的学说。

不过，根据现在的专门研究，松平定信本人似乎也很喜欢徂徕学。宽政异学之禁只是站在教育的立场上排斥徂徕学，而他并不禁止成人学习、研究徂徕学。作为政治家的松平定信，果然还是难以舍弃重视政治制度确立的徂徕学吧。

人才录用制度的开端

松平定信想把"学文"的成果，有效地运用在幕府内部的人才录选上，所以引入了"学问吟味"的制度。通过这一制度，让有资格谒见将军的家臣子弟——也就是旗本和御家人的子弟①，在通过学业考试之后，成绩优秀者可以超越身份或家世，得到被拔擢的机会。考试的主要内容是汉文的素养与对朱子学的理解。

对应日本的平安时代，当时的中国及韩国已经确立了以笔试选用官僚的制度，一般称为"科举"，其实正式的说法是"选举"。虽然这里的选举与我们现在所说的方式并不相同，但就"选出成为领导者的政治家"这一点来说，意义上是一致的。进入近代以来，在翻译西方各国的制度时，这个汉语词汇被广泛地使用。在翻译者看来，两种制度可能是一样的吧！

松平定信掌权时开始的"学问吟味"，并不是中国、韩国那样的大规模科举考试，而只限于将军家的家臣子弟可以参加。不过，在几乎由世袭决定官位的江户幕府，经过"学问吟味"后，一部分能做学问的人可以跨过身份的藩篱，打开仕途，可谓是不小的变化。19世纪中叶以后，经历了"黑船来航"的江户幕府，其中掌控政治的人已经不完全是生来地位高贵的旗本们了。当时幕府在对西方国

---

① 根据竹内里三等编著的《日本历史辞典》的定义："旗本一般指战时直接保护主君的武士团，也称'马回'；御家人则是镰仓时代以来将军家臣的自称。在江户时代，都是表示武士等级的用语。"知行在1万石以下而能直接谒见将军的人（御目见）被称为旗本。旗本与没有直接谒见将军资格的御家人又合称为直参或幕臣。所以，御家人应该是没有直接谒见将军的资格的。

家的外交上能够采取相应的对策，可以说是"学问吟味"的成效吧！

另外，在"文武"的"武"方面，松平定信也不满足于旧有的状况。借助对武艺的奖励，激励那些已经习惯和平环境而精神松散的旗本、御家人。松平定信对武士的要求，除了强化武艺的力量，也要求武艺中的精神面。这就是后世所说的"武士道"。武士道融合了儒学和禅宗思想，是19世纪武士们的思想基础。

6 武士道的确立与幕府的误算

肃正太平之世的纲纪

要说明什么是"武士道"是非常困难的。因为首先要说明的"武士道"起源于何时就很不容易了，而"武士道"的内容到底是什么，更是众说纷纭。在这里，我所谈论的内容只限于对本书有必要的范围。

镰仓时代的武士们有自己的生活方式，认为他们的生活方式就是武士道，也并无不可。只是，当时并不使用"武士道"这个词。当时"武士"的同义语是"もののふ"，而用"もののふのならひ"这样的说法来表示武人的生活态度，也就是"武人之道"。那是心中常存的随时都要出战的觉悟，自觉或许马上就会一死的生存之道。

之后，到了战国时代，这样的生存之道虽然有了微妙的变化，但是基准仍是一样的。武士就是战士，战士的本愿是战死沙场（他们被这样教育），而禅的奥义经常被利用在这样的教育上。战国时代的武将们在少年时期会在禅寺里经历一段时间的修行、训练，这可以说是一种精神锻炼，让他们对死亡有所觉悟，在战场上能够毫不犹豫地作战。

然而，对江户时代的武士来说，战场并不存在。如前所述，幕府或诸藩的基本构造中，都有随时可以上战场的军队组织；不过在宽政改革时，日本境内已经有一百多年没发生过战争了。所以当时的武士们，连听他们的曾祖父或祖父谈论战争经验的机会都没有。那时也不像现在有影像资料可以观看，只能通过《军记物语》之类的书籍或戏剧来想象战争是什么。第八代将军德川吉宗经常举办猎鹰活动，这类似于一种军事演习，目的是让旗本、御家人参与模拟战争，体验战争的感觉，让他们在平日里也有随时可以上战场的心理准备。

松平定信大概是想继承祖父的想法吧！为了不让旗本、御家人习惯太平之世，免得遇到战争时无法上场拼杀，所以推行了奖励武艺、肃正纲纪的政策。

武士道的内容

然而，松平定信虽然试图奖励武艺，却缺乏明确的目标。尽管他一直在教育中强调要把战争之事牢记在心，但却无法判断在可以预见的未来里会发生战争，所以只好进行思想性的精神教育，重视"学文"的朱子学。

朱子学选择了五种形成社会秩序的基本人际关系，把它们命名为"五伦"：父子有亲，君臣有义，夫妇有别，长幼有序，朋友有信。其中君臣之间的"义"，是武士们一刻也不能忘记的"忠义"之心。

赤穗浪士为主君报仇的行为，幕府并没有完全谴责，这事前文已经说过。即使在事件发生百年前的19世纪，赤穗浪士仍然被视为英雄，因为他们是"忠义"的实践者，所以一般也被称为"赤穗义士"。

"忠义"和镰仓时代以来的禅宗思想结合在一起，构成了武士们的精神支柱。到了20世纪，学者新渡户稻造用英文写作《武士道》（*Bushidō*）一书，把日本的武士道介绍给西方人。他在书中提出，武士道的思想根源来自禅宗、阳明学及神道。

阳明学是儒学流派中的一支，一般认为阳明学与朱子学是对立的，其实这两者的关系是很接近的。它们之间的区别在于：朱子学重视通过读书的学习（用松平定信的说法，就是"学文"），但阳明学却不认同这一点，认为太过重视读书会疏于精神上的修养。不过，阳明学也不认为读书无用，只是更看重"在紧急的状况下，心志不被动摇的坚定意念"。虽然江户时代并不流行阳明学，但阳明学的思想仍然跟朱子学的教义一起渗入武士们的心中。新渡户稻造应该也认为阳明学比朱子学更能成为武士道的支柱吧！

再说"神道"。神道被认为是日本自古以来的思想，其实它受到了很久以前传入日本的佛教以及江户时代朱子学的影响，是在历史的变迁中形成的思想。在日常生活中，应该怀着纯洁之心侍奉神。就像"君子一言为定"这句话强调的，做到对别人诚实、尊重。特别是对主君，更要牺牲自己的性命来守护。

在镰仓时代的武士之间，常存在某种背叛或背信的行为，他们把守护自己的领地视为终极目的。主君赐予武士领地，并且庇护其领地，所以武士应该为主君效劳。这可以说是"恩情"与"服务"的关系。然而，当恩情关系发出危险的信号时，例如现在的主君无法依靠了，有些武士便会去投靠更有实力的主君，这样的事情频繁发生。当然，也有和势力衰微的主君一起被消灭的武士，他们虽然成为被极力称颂的对象，但毕竟每个人的生存信念并不相同。之后战国时代的"以下犯上"，更是如实地展现了这种"实力本位"主义的武士之姿。

要对谁忠诚

另一方面，江户时代中叶之后的武士道，以安定秩序为前提，强调对各自的主君尽忠。如此，在诸大名及旗本之上的将军的地位就愈发稳固了。经济与财政基础逐渐衰落的幕府，想借由这样的思想教育，维系武士们的忠诚之心。

然而，幕府却失算了。虽然站在武士社会顶点的人是将军，但是将军也被视为有应该尽忠的对象。

在中国，孔子的活跃期，即发展出儒家思想时，周王的权威已经衰落。那时要成为诸侯中最有实力的霸主，就必须保护周王，以此号令诸侯，统领天下。学习朱子学的日本人当然知道中国的这段历史，并且意识到江户时代的结构与那时的中国颇为相似。

提出这一看法的人，正是17世纪时幕府的御用学者。不过他们提出的目的，原是为了确立幕府的权威，但不久之后，这个做法的成效却转向了提高日本"周王"的地位。日本的"周王"，就是曾经暂时被江户时代的人们忽略的日本之王——天皇。

松平定信积极主张被称为"大政委任论"的政治思想，强调德川将军得到了天皇任命，是掌管日本大政之人，所以全国的诸侯都应听命于德川将军。这种情形类似于春秋时期中国的霸主与各地诸侯的关系。

但不可否认的是，这个主张反而危及将军的地位。霸主原来也不过是诸侯中的一员，只是得到了真正的"王"（天皇）的委任才掌握权威。因此，当天皇解除对将军的

委任时，将军也就失去了号令诸大名的权力。从幕末的尊
王攘夷运动，到倒幕运动过程中所发生的事件，都可以看
出这一点。当时水户藩及长州藩便是仰仗着朝廷发出的直
接命令，无视幕府的意愿而发起行动。

7　教育热潮

关于"尊号一件"的争论

伴随儒学及国学中尊王思想的发展，京都朝廷的实力开始壮大起来。1779年，后桃园天皇驾崩，闲院宫家的皇子即位，是为光格天皇。但此时光格天皇的亲生父亲闲院宫典仁亲王仍然健在，于是作为人子的天皇，便在形式上尊实际从未即位天皇的父亲为"太上天皇"。这发生在1789年。

"太上天皇"是"上皇"的正式说法，是退位天皇的称号。不过，以前也曾有过当天皇家的正支断绝，从旁支的宫家①

①　**宫家**：即有宫号的皇族。该制度起源于12世纪的镰仓时代，依该宫家之当主和天皇的血缘关系，又有直宫家和一般宫家的分别。日本皇子在成年或成婚后可创设宫家，并由天皇赐下宫号。创设宫家被认为是自皇族中独立又保持着皇族身份，如同皇室的分家一般。

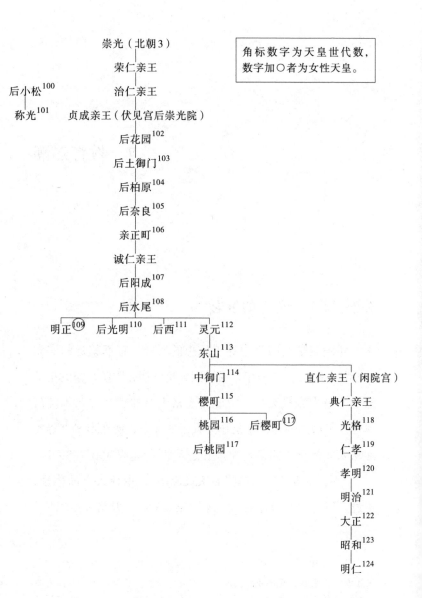

图2 南北朝统一后日本天皇世系图

中领养皇子即位为天皇时，新天皇尊亲生父亲为"太上天皇"的例子。室町时代出身于伏见宫家、后入继天皇家的后花园天皇，就尊亲生父亲贞成亲王为太上天皇。光格天皇想仿效前例，要求幕府同意。

　　然而，光格天皇的这个要求却遭到老中松平定信的反对。于是，担任朝廷武家传奏之职（负责为朝廷传达武家奏请）的公家①正亲町公明来到江户，请幕府再做考虑，结果却被幕府免去官职。"尊号一件"指的就是这次幕府与朝廷的对立事件。然而，松平定信与将军在这个事件上意见相左，据说这是造成他后来辞去老中之职的原因之一。

　　不过，日本史的教科书上并没有指明松平定信反对尊号之事的理由，但我认为，或许他是因为意识到中国的先例，所以才会坚持反对。中国的历代皇帝中也曾出现类似的例子：11世纪时的宋英宗、16世纪时的明世宗，都想给自己的生父冠以相当于皇帝的称号。对此，官员中有人赞成，也有人反对，双方根据儒家的礼仪原则，发生了激烈的辩论，甚至出现政争的情形。

　　松平定信通晓儒学，对于中国历史上发生的故事知之甚详，关于中国的尊号之争，他站在反对派一方。因此，

---

　　① 　**公家**：原指在朝廷侍奉的文官。到平安后期，为天皇与朝廷工作的贵族及在朝廷中有权势的官员也称为"公家"。

当日本也发生类似的尊号之争时，他会持何种立场，是不言而喻的吧！要阐明这件事是很繁杂的，所以我简单地用一句话来概括，那就是："君王的地位是官方公有的，应该和私人的血缘关系分开处理。"松平定信本人是将军德川吉宗的孙子，却没有成为将军的资格，而是继承了白河藩，担任幕府的老中之职。

总之，松平定信在做了七年的老中后，离开了这个幕府中枢的重要职位，成为白河藩的藩主。他隐退后作为文化庇护者度过余生，享年72岁，殁于1829年，在当时可以说是高寿之人了。我在前作中介绍过，赖山阳①还曾把自己的作品献呈给松平定信。

松平定信死后，他的同僚以老中松平信明为中心，施政上仍沿袭其宽政改革路线。松平信明的老中职历中，曾有三年离开老中之位，但复归后，便一直担任老中，直到去世，前后跨越三十年。而将军德川家齐则当了五十年的将军（1787—1837），最初他也按照松平定信与松平信明的方针切实推行改革，不过到了在位的后期，就松懈了施政之事。

---

① 　赖山阳（1780—1839）：本名襄，字子成，号山阳。历史学家、思想家、汉诗人，著有《日本外史》。

曲亭马琴的基本思想

不过，那时文化的发展却相当蓬勃。因为正值"文化""文政"两个年号交替的时期，所以这一时期所发展出的文化便被称为"化政文化"，当时也是赖山阳和曲亭马琴①活跃的年代。

《南总里见八犬传》就是曲亭马琴的代表作，讲述了八位拥有不可思议珠子的勇士的故事。那八颗珠子上分别写着"仁""义""礼""智""忠""信""孝""悌"，这几个字都是儒家所重视的道德品质。《南总里见八犬传》虽然是令人热血沸腾的冒险故事，但故事的内容却处处体现出儒家的思想。

曲亭马琴原本就擅长此道。他小说的基本思想便是劝善惩恶，主要内容则围绕着信奉儒家道德的善珠与偏离道德的恶珠之间的斗争。这种二元论与现在好莱坞的电影相似，虽然是娱乐之作，但其中的价值观却自然而然地深入读者的脑中。这种教育方法，远比在教室里板着脸讲课的

① **曲亭马琴**（1767—1848）：本名泷泽兴邦，日本江户时代著名的畅销小说家、剧作家。代表作是《南总里见八犬传》，其创作自1814年（文化十一年）至1842年（天保十三年），历时28年才完成的。全书共200余万字，长达190回，以足利幕府末期为历史背景，讲述了起伏跌宕的武士传奇故事，行文中推崇武士道精神及儒家仁义思想。该书的创作后期，由于曲亭马琴已经完全失明，书稿由其本人口述，儿媳阿路执笔记录。其作品是"町人文学"的经典，真实记录了当时日本的社会生活。

老师们的教诲更为有效。

　　赖山阳的历史书或诗文也有同样的效果。"化政文化"时期的文学，以小说剧本类的洒落本、人情本及诗歌类的狂歌、川柳①等最为出色，但思想教育的书籍也有很多。

　　当然也有更为艰涩的书籍。号称本居宣长弟子的平田笃胤②倡导的世界观极为庞大，他批判儒教、佛教、基督教等外来思想，强调日本原有思想的优秀，他的著作对前文说过的基层国学的普及有很大的贡献。

　　幕府的财政状况在这样的世态中越来越窘迫。1841年，将军德川家齐逝世，继享保、宽政两大改革后，江户时代"三大改革"中的第三个出现了，即由老中水野忠邦③领导

---

　　①　**洒落本、人情本、狂歌、川柳**：洒落本是江户中期出现的一种小说形式，内容主要描写游廊趣事及生活百态；人情本是江户后期至明治初期流行的读物，以庶民的恋爱生活为主题；狂歌是起源于中世的短歌，内容多讽刺社会现象，风格滑稽戏谑；川柳是江户时期流行的一种日本诗，内容多表达心情，或讽刺政治及时事。

　　②　**平田笃胤（1776—1843）**：江户时代后期的国学家、神道家。幼时学习朱子学，同时自修国学，仰慕本居宣长的学风，被称为其"死后弟子"。他极力宣扬日本是神之国，肯定日本神代的传说，认为诸神通过历代天皇向日本传授正道，传播皇国之道的神学思想。他的思想对19世纪下半叶的尊王倒幕派产生了巨大的影响。

　　③　**水野忠邦（1794—1851）**：江户时代后期的大名、德川家庆时代首席老中。面对1832—1837年期间的全国性大饥馑，为求得国家大治，从1841年开始推行天保改革，落实重农抑商政策，维护并加强封建领主所有制，从而导致社会矛盾愈加尖锐。1843年改革失败，水野忠邦被免职。

的天保改革。天保改革推行精简财政、取缔色情行业、解散同业联合等政策，但效果不彰。水野忠邦很快也卸下了老中之职。

藩校与私塾的盛行

在幕府进行改革的同时，各地藩国的改革也在推进，其中有不少获得成功，财政状况出现好转。改革成功的藩国从下级武士中拔擢人才，强化藩国自身实力，使其成为幕末政治运动的策源地。而为藩国提供人才的机构，正是藩校。17世纪时已经有藩国开始设立藩校，但是当时藩校还是凤毛麟角，非常少见。直到18世纪末，藩校才开始逐渐增多，到了19世纪中叶，藩校的数量则急剧增加。当时因为有宽政异学之禁，所以多数藩校以教授朱子学为主，学生们便在这样的氛围之下被培养成武士。

另外，农民和商人也有学习的场所，那就是私塾。19世纪日本的初等教育与同时期的世界各国相比较，可以说是站在前列的。当时大英帝国的领土虽然遍及各大洲，却只有贵族或资产阶级子弟有机会接受教育，而一般民众几乎都是文盲。不过日本却因为私塾普及，所以许多平民都可以读写假名文字和简单的汉字。

为人父母者，确实明白了让孩子接受教育的积极意义。

即使是在当代，世界上某些地方还有不少父母，认为孩子下田劳作或帮忙赚钱养家，比去学校读书更重要。探寻19世纪的日本为何会出现教育热潮，正是我现在正研究的项目之一。因此我可以确定，当时的社会真实存在"有才识的人收入更高"的现象。不仅武士之间如此，庶民之间也一样，"学文"的效果初步显现。

8　清朝的衰落

鸦片战争

在日本推行天保改革的同时，邻国中国的清朝正在与英国交战。那就是鸦片战争。

清朝只允许英国等西方诸国在南方的广东进行贸易活动，虽然不像日本严格地只限在长崎与荷兰贸易，但仍和日本一样，也对外国进行管控。近年来在描述17—19世纪的东亚交易体制时，对中国的清朝或朝鲜，学界倾向于使用"海禁"一词，与日本所用的"锁国"不同。

当时君临中国的王朝是"清"，是满族人做皇帝的王朝，这和汉族统治的宋朝、明朝不同。中国是一个多民族的帝国，清朝的情况类似于蒙古人建立的王朝（在中国的王朝名是"元"）。从18世纪中叶开始，统治中国六十年的乾隆皇帝在位期间，帝国的领土包括了新疆及西藏地区，这也是清朝疆域最大的时期。但19世纪后半叶，俄罗斯帝国通过一系列不平等条约割占了东北及西北大片区域。这些地方从此被剥离出中国国境。现在中华人民共和国的领土是继承了乾隆皇帝当年的疆域。

虽然被俄国强迫割让大量领土，清朝仍旧幅员辽阔，而且各地的物产也很丰富。清朝用"地大物博"来形容自己，认为自己并没有与亚洲许多国家（除日本等极少数的国家外，其他向清朝朝贡的国家）、英国或葡萄牙（可以在中国南方沿海地区贸易的国家）以及俄罗斯或中亚诸国进行贸易的必要。与那些国家的贸易是皇帝特许的恩惠。当时的中国自豪地认为自己是世界最大的帝国，除了奢侈品或特别的嗜好品之外，生活产品皆可以自给自足，根本不需要输入其他商品。

此时的英国经历工业革命，境内的生产力大增，但却未能生产出中国所需的商品，相反地，英国还十分依赖清朝输出的生活必需品——茶叶。因此，两国的贸易状况经常是英国逆差，而英国称霸世界搜刮而来的贵金属，却成为与清朝贸易的代价，被清朝吸走了。

英国为了解决与清朝的贸易逆差，便把在印度生产的鸦片卖到中国。用毒品鸦片交换健康饮料茶叶，这实在是很可恶的事情。清朝当然要阻止这样的交易，于是派大臣林则徐到广东处理鸦片问题，没收并烧毁了英国商人的鸦片。这应属于人道的行为，放在今日，这种痛快之举，一定会赢得国际的支持吧！

不过，英国对林则徐的作为大感不满，进而对清廷宣战。英国的这种行为，可以用"厚颜无耻"来形容。英国不愧是议会国家，对中国开战的议案遭到有良知的在野党议员的反对，但最终还是在议会通过了。因此可以推断，英国国内还是有人认为"这是有违正义的战争"。然而，为了国家的利益，为了消除贸易上的赤字，英国最终还是派出了军舰。

林则徐虽然竭尽全力，但中国国内并非举国一致地与他并肩作战。英国军舰炮击沿海地区，最后以中国的失败收场，并在南京缔结议和条约，除允许鸦片的买卖外，还割让香港，并答应开放广东以外的四个港口。

太平天国

就在同一时期，中国南部的广西有一个名为洪秀全的男人，他屡次参加科举考试，却总是落第。在科举中落榜的人有数十万，一般来说屡试不中的人，最后就会放弃，另寻出路。然而洪秀全却是一个不太会客观评价自己实力的人。就像现在的一种人，固执地一定要考上一流的大学，一再地努力都考不上，终于毁了自己的人生。洪秀全就是这样，而且还自我意识过剩，异想天开地觉得神灵附体，在梦中被天神授予了改造世界的使命。之后他运用自己所理解的基督教教义，宣称"我是神的儿子，是耶稣的弟弟，能让天下太平"，成立了宗教组织。

洪秀全的作为理所当然地受到清朝地方官的注意与抓捕，但他可不像耶稣一样静静地等待。他组织信徒，发动武装起义，还自立为王，创建太平天国。

我个人认为，洪秀全与1995年震撼全日本、引起日本人惊恐的奥姆真理教①教主，是同一类型的人物。但我认识的研究中国近代史的熟人们，或许会因此激愤地对我说："小岛，你说的话太荒谬了。"

太平天国吸引了清朝松散的南方对统治政策不满的人士，以及以违法活动为生的地下犯罪集团；他们起兵之初攻城略地，很快就占领了南京。洪秀全将南京改名为天京，建筑宫殿，在这里过起了和皇帝一样的豪奢生活。但不久之后，准备北伐一举推翻清朝的太平天国军队却惨败了，战争于是陷入胶着状态。因为太平天国存在与清朝一样的腐败问题，甚至有过之而无不及，所以天京最终在1864年被清军攻陷，洪秀全一死，太平天国也随之灭亡。

----

① **奥姆真理教**：日本的邪教组织，由教主麻原彰晃创立于1985年。1995年3月20日，奥姆真理教成员东京地铁上发动毒气袭击，导致13人死亡，数千人受伤，制造了震惊世界的恐怖袭击事件。

亚罗号战争

即使是在清朝全盛的乾隆皇帝时代，也有被称为"白莲教"的宗教结社（某位研究者提出，这一名称是官府命名的第三人称，而不是其自称），引发了大规模的武装起义事件。像这样的宗教叛乱事件（从朝廷或儒教的观点看，起义确实是一种"叛乱"），在中国是时有发生的。相较之下，日本在战国时代的一向一揆①与江户时期的岛原之乱后，宗教组织似乎就没有再发动武装起义的能力了。

在太平天国还气势如虹的1856年，清廷官府怀疑停泊在上海的船只"亚罗号"上有潜逃的罪犯（该船曾在香港注册，英国认定其为英籍船只），强行登船搜捕。而根据《南京条约》，清廷的官员无权如此，于是英国便以清廷违反条约为由，借机要求赔偿。后来，英国因为没有得到满意的回复，便再度对清廷宣战。这次的战争被称为亚罗号战争，即第二次鸦片战争。其实，"亚罗号事件"只不过是英国想再度勒索中国的借口。英国在第一次的鸦片战争中尝到甜头，于是食髓知味，想再一次发动战争，以便夺取更有利的贸易条件。

结果清廷在这一次的战争中又失败了。眼看英国又拿

① 一向一揆：一向宗门徒所发动的起义，反对各地守护的在地统治，旨在建立佛教国家。1488年，一向一揆杀死加贺国的大名富樫政亲，加贺成为一个独立于幕府的"宗教王国"。

到好处的法国等其他列强，便追随英国的脚步，逐步侵蚀
中国。

佩里率领黑船舰队来到日本的时间，也就是在这个
时期。

9 动荡的幕府末期

幕府的权威一落千丈

幕府末期的政治过程非常复杂，老实说，我实在没有信心可以说得让人容易理解。本应秉持武士道精神，以诚实之心待人的人们，偏偏过着背信弃义或精于谋略算计的生活；更有人打着尊王旗号，实际上却做着与天皇的意愿背道而驰的事，甚至捏造年幼天皇的想法。难道不管在什么时代，所谓的政治家都是这样的吗？

"黑船来航"时，水户藩的藩主德川齐昭①态度强硬地

---

① **德川齐昭**（1800—1860）：江户幕府末期水户藩藩主。"黑船来航"之后，开始参与幕政，负责海防。1854年，因对签订《神奈川条约》不满而辞职。后在将军继嗣的问题上，主张由一桥庆喜（德川庆喜）继任，与主张拥立纪伊藩藩主德川庆福的井伊直弼对立。1858年，在井伊直弼就任大老后，德川齐昭被幽禁于水户。

支持"攘夷论"。在将军后嗣危机出现后，他便联合萨摩藩，拥立自己的儿子庆喜。然而，在幕府中握有大权的彦根藩藩主井伊直弼却拥立德川家茂为继任将军，并以此作为开国的跳板。井伊直弼弹压了反对自己的尊王攘夷派，造成了安政大狱①。但井伊直弼也因为安政大狱树敌积怨过多，被水户藩与萨摩藩的人暗杀，死于樱田门外之变。

　　幕府大老在出勤途中，被刺杀在江户的事件，使幕府的威望一落千丈。为了重建幕府的威信，老中安藤信正决定借助朝廷的力量，计划迎娶孝明天皇的妹妹和宫为将军德川家茂的夫人（公武合体政策②）。但不久后安藤信正又遭到水户藩手下的袭击，虽然保住性命，却被免职下台（坂下门外之变③）。尽管幕府和萨摩藩都参与了促成幕府和朝

---

　　①　**安政大狱**：1858 年（安政五年），大老井伊直弼对尊王攘夷运动进行了一次大镇压。由于在《日美友好通商条约》签字问题和将军继嗣问题上，一桥派联合尊攘派掀起的反对运动日益激化，大老井伊直弼接连采取镇压措施。在德川齐昭被处罚之后，孝明天皇向地方藩主发出密敕，要大家铲除无视武家秩序的井伊直弼。但密敕被井伊发现，为了消灭响应密敕者和对井伊不满的人，幕府搜捕、镇压了一百多人，是为安政大狱。因为安政大狱导致幕府的政治道德降低和人材的缺乏，加之反幕派的尊攘活动也愈发激进，因此这也成为幕府灭亡的远因。

　　②　**公武合体**：日本江户时代后期针对尊王攘夷派的政治运动，主旨是联合朝廷（公家）和幕府（武家）以改造幕府权力。面对趋于衰落的幕藩体制，幕府试图与朝廷的传统权威相结合，对自身进行改组和权力巩固。孝明天皇之妹和宫与第十四代将军德川家茂的联姻，是这一运动的代表性事件。这一运动在幕府与各强藩同时推行。

　　③　**坂下门外之变**：1862 年（文久二年），以水户浪士为〔接下页〕

廷合作以应对外来危机的公武合体运动，但两者的实质却迥然不同，幕府心目中的公武合体，是想回到一切政事委于幕府的全盛时代，而萨摩藩则是要建立一个朝廷对幕府具有政治上发言权的桥头堡。

在这样的情况下，孝明天皇敕命进行幕政改革，以德川庆喜为将军后见职①，开展新的体制。也是从此时开始，长州藩在京都的尊王攘夷派开始活动，他们敦促朝廷把将军德川家茂请到京都，让其誓言推行攘夷。

眼看长州藩如此活跃，萨摩藩便联合担任京都守护职的会津藩，成功地驱逐了长州藩的势力②。次年，为了挽回局面，长州藩举兵上洛。部署在天皇居住的御所附近的长州藩攻击兵力，再度被以萨摩藩与会津藩为核心的一派

〔接上页〕中心的尊攘派武士7人在江户城坂下门外刺伤老中安藤信正。安藤继承了井伊直弼的开国路线，并且为了恢复幕府威信而推动公武合体，最终促成了和宫降嫁，因此引起尊攘派志士的愤怒。暗杀虽然失败，但是持续发生的幕阁袭击事件使幕府的威信再次受到打击。

①　**将军后见职**：江户后期幕政改革时，与京都守护职（维护京都治安）及政事总裁职（参与朝廷及幕府合议之参预会议）一同设立。1862年任命德川庆喜担任此职。

②　**八月十八日政变**：1863年9月30日（文久三年八月十八日），幕府操纵公武合体派在京都发动政变，赶走三条实美等"倒幕七卿"，最终导致以长州藩为主的尊王攘夷派势力被驱逐出京都。从此，京都的尊攘派势力暂时减弱。直到庆应时期倒幕派得势之前，以萨摩、会津两藩为首的强藩大名一直居于统治地位，他们成为公武合体运动的核心力量。至此，政界的尊攘派势力被一扫而光。本次事件也成为日后池田屋事件及禁门之变的重要诱因。

击退，在死伤惨重的情况下战败收场（禁门之变①）。接着，幕府立即兴兵征伐长州藩，但此时长州藩内的攘夷派已被清理，因此避开了这一次的战役。

后来，长州藩内反对幕府势力的桂小五郎（即后来的木户孝允②）等人，掌握了长州藩的实权，他们经历了英国等西方国家的炮击，意识到攘夷已不可能成功，于是便转移目标，把攘夷的诉求转变为倒幕的行动。同时，大村益次郎③得到英国的军事援助，顺利推动了长州藩的军队近代化。

---

①　**禁门之变**：又称蛤御门之变。长州藩及尊皇攘夷派势力被逐出京都后，长州藩以排除会津藩藩主、京都守护职松平容保等人为目标，1864年（元治元年）派兵进入京都，在京都市区内与幕府联军进行激烈的巷战。后长州藩军队败走，幕府策动天皇下诏，发动第一次征讨长州藩的战争。英、美、法、荷四国联合舰队也于9月5日再次进攻下关，长州藩在内外夹攻下失败，对幕府屈服。

②　**木户孝允**（1833—1877）：幕末到明治时代初期活跃的武士、政治家、尊王攘夷派中心人物。本名桂小五郎，长州藩藩士，吉田松阴的弟子，曾与伊藤博文、井上馨等其他长州藩士至英国留学。他主张开国及尊王攘夷，力推大政奉还。明治维新后，他修改《五条御誓文》，施行版籍奉还、废藩置县、参议内阁制等重要政策。与萨摩藩的西乡隆盛、大久保利通被并称为"明治维新三杰"。

③　**大村益次郎**（1825—1869）：长州藩的西洋学者、医师、军事家。曾系统地向荷兰人学习现代军事和武器技术知识，将外国兵书翻译成日文作为军校教科书使用，注重学以致用。明治维新后，担任兵部大辅，创建日本近代军制，建立海军操练所等军事学校及兵工厂，推动军队近代化的进程。

走上明治维新之路

幕府知道长州藩的情形后，决定第二次征讨长州藩。然而，此时已经放弃攘夷主张的萨摩藩与长州藩结盟了（萨长同盟①），而在大坂城中指挥征讨长州的将军德川家茂也在此时病逝，继任将军德川庆喜于是决定停止进攻长州。

不过有萨摩藩作为同盟的长州藩却趁机开始转守为攻。此时，孝明天皇突然驾崩，16岁的明治天皇即位，公家岩仓具视②掌握了朝廷的实权，与萨摩、长州二藩共同完成倒幕的敕书。

---

① **萨长同盟**：日本江户时代末期的1866年（日本庆应二年），在萨摩藩与长州藩间缔结的政治、军事性同盟。虽然当时最具政治影响力萨摩藩和长州藩都有倒幕的计划，但因为萨摩一方曾在1864年的禁门之变中将长州势力逐出京都，并参与了第一次征伐长州，所以双方对彼此都怀有敌意。经过坂本龙马与中冈慎太郎的斡旋，以坂本龙马为中间人，萨摩方的西乡隆盛、小松带刀与长州藩的木户孝允签订盟约，萨长双方在倒幕方面进行合作。后来以萨长两军为核心的官军击败幕府军，大政奉还于天皇，开启了明治维新的序幕。

② **岩仓具视（1825—1883）**：幕府末期、明治初期的公卿、政治家。公家堀川康亲次子，后为贵族岩仓具庆收养。曾担任孝明天皇的宫廷大臣，反对德川幕府开国。他支持"公武合体"，安排将军德川家茂与天皇之妹结婚，以改善双方关系。1862年（文久二年）之后，他逐渐倾向于倒幕，并与各藩志士联系。1867年，明治天皇即位，与大久保利通等联合发动王政复古运动，成为建立维新政权的中心人物，参与策划王政复古，革新日本政治。明治时期，他以右大臣的身份主导了"岩仓使团"，与大久保利通、木户孝允、伊藤博文等重要官员访问欧美，归国后反对"征韩论"，主张充实内政。

　　而德川庆喜一方也意识到，如果这样下去，日本可能会四分五裂，便接纳了土佐藩的建言，暂时还政于朝廷，而自己担任首相，组织新政府。这就是所谓的"大政奉还"，这也是松平定信主张的"大政委任论"理所当然的结果。

　　天皇的倒幕敕书与将军的大政奉还的顺序前后倒置了。原本应该在天皇敕书（岩仓具视等人以天皇的名义拟写）的要求下交出政权的幕府，却自己先把政权还给了朝廷。这种结果对萨长方面来说，毫无疑问是有些失望的吧！为了拔除德川庆喜，萨摩、长州又操纵公家们召开御前会议，高举"王政复古"的大旗，不仅要求其辞职，还勒令他闭门思过。

　　于是德川庆喜便在大坂城集结了忠于幕府的会津藩等藩国军力，举兵进京，但却兵败鸟羽伏见，德川庆喜只身搭乘军舰返回江户。至此，在大坂的幕府军队便烟消云散了。

　　萨摩、长州、土佐等倒幕派的军队，竖起象征天皇军队的御锦旗，通过东海道、中山道和北陆道，进攻东日本。那时德川庆喜本人已经丧失了斗志，先在江户，之后又回到老家水户闭门思过。然而，数年来一直与长州藩对立而被其视为眼中钉的会津藩，与义愤于德川庆喜与会津藩遭受的不合理对待的长冈藩等北日本的诸藩联合起来，结成了奥羽越列藩同盟，举兵自西发起进攻，与倒幕的军队陷入混战。然而，寡不敌众，在长冈之后，会津、盛冈也相继被攻陷，列藩同盟因此解体。

幕府一方的抵抗势力以北海道的箱馆为最后的堡垒，并将此地作为根据地，准备宣布独立宣言。但箱馆也很快陷落，始于鸟羽伏见的一系列内战（这次的内战以干支纪元为名，所以称为"戊辰战争"①），以倒幕军的大获全胜告终，拉开了明治维新的序幕。

记住年代的方法

幕末的政治变动十分频繁，所以在这之前我一直没有提到年代的记述。不过，鸟羽伏见之战那一年，战争始于年初的一月（如上述，干支纪元正好是戊辰年，公元是1868年），同年九月天皇改元。也就是说，在年度的中间，庆应四年变成了明治元年。本书前面的叙述多以公历来表记时间，较少使用日本的年号。我想你们不喜欢日本史的原因之一，便是要记住年代，而且是公历和年号两者同时都必须背下来。

樱田门外之变发生于万延元年，公元1860年（细说起来，那年因为不祥的樱田门外之变，所以改元万延，

---

① **戊辰战争**：发生于1868—1869年间，依战争发生地可分为鸟羽伏见之战、甲州胜沼之战、宇都宫城之战、上野战争、北越战争、会津战争等，以及最后的箱馆战争（又称五棱郭之战）。

改元之前是安政七年）；禁门之变发生于元治元年，公元1864年。其实并不需要特别去背诵年号和纪年，重要的是谁在樱田门外被杀，为什么被杀；而禁门之变（又称蛤御门之变）的参与者是哪里的军队，为了什么，攻击了哪些地方。这才是需要记住的细节。之所以要记住1860年和1868年，不过是为了明白两个事件的前后关系。像我刚才尝试的那样，只要记住了事件的过程，就不会弄错前后的顺序了。

不过，还是请你们要记住公元1868年。这一年是明治元年，也是因近代日本国家诞生而值得纪念的一年。

伴随着年号变更为明治，一系列重大制度改革开始推行。具有代表性的是一世一元制，也就是一位天皇（一世）只使用一个年号（一元）。明治以后的大正、昭和，到现在的平成，都是一世一元。对于前代天皇的称呼，则直接使用其年号为名（我在别的书上也强调过这一点了。但对现在的天皇，还不会称其为"平成天皇"，而是"今上天皇"）。

看遍日本史的教科书，都没有好好地说明过一世一元的由来，所以我在这里特别说明。一世一元的制度，是在明治元年的500年前，由中国明朝开始的制度。这是世界史教科书上的叙述，不过，那些世界史教科书中，并没有提到明治改元的事。明治维新的时代，正好是中国清王朝的同治年间。1868年是日本的明治元年，清朝的同治七年。

在韩国（朝鲜王朝）或冲绳（琉球王朝），则是沿用明朝或清朝的年号，而越南（大南国）虽然有自己的年号，但也是一世一元制；再加上日本也采用一世一元制，所以东亚各国的年号都统一采用这一制度了。

10 吉田松阴、久坂玄瑞、
坂本龙马——被奉祀的人们

松下村塾与安政大狱

从世界的角度来看，明治维新是一次平静且成功的政治改革。与明治维新相比，17世纪中叶的英国资产阶级革命、18世纪末的法国大革命与美国独立，甚至明治维新前的美国南北战争等，都是经历了流血冲突的政治改革。相较之下，戊辰战争并没有造成太大的伤亡，而战败后投降的幕府人物中，还有不少人继续在维新后的明治政府任职，活跃于政坛。

话虽如此，在这次改革与内战中丧生的人，仍然不在少数。本章和下一章所要介绍的六个人物，皆非寿终正寝之人，也就是说，他们是因死刑、自杀或暗杀而身亡的。

本章介绍的三个人，都是对幕府持批判态度的人。

首先登场的是吉田松阴（1830—1859）。吉田松阴原本是长州藩武士杉家的次子，幼年时即成为亲戚吉田家的养子；吉田家是山鹿流兵法学的奉行者。而所谓山鹿流，是指尊崇17世纪兵法家兼儒学者山鹿赤行为宗师的兵法派别，赤穗浪士的领导者大石内藏助，即属于这个流派。

然而，吉田松阴在听闻中国清朝在鸦片战争中输给英国后，认为山鹿流这种传统的兵法学已经跟不上时代了，便求得长州藩的许可，投入江户的兰学学者佐久间象山①门下学习。后来他擅自前往水户及会津游历，因此获罪而被剥夺了武士身份。尽管如此，他还是毫不畏惧地试图搭乘佩里的船离开日本，但却被送回岸上，先被囚禁在萩（长州藩的城下町）的牢狱，后来被软禁在生父家中思过。

之后，他继承叔父而主持松下村塾，通过与青年藩士们一起学习的方式，对他们进行教育。吉田松阴对于幕府违背朝廷意愿的开国行为十分愤慨，便计划暗杀老中，但却因为遭到周围人的反对而无法达成。他向藩国自首后再

---

① **佐久间象山（1811—1864）**：日本江户末期思想家、兵法家，幕末时期的社会领导阶层——青年武士的师长和楷模。幼年学习国学，后接触兰学，提倡"和魂洋才"。1839年，在江户神田开设象山书院，培育了胜海舟、坂本龙马、吉田松阴等对明治维新有巨大影响的门生。曾上书《海防八策》《论时务十策》，主张重视海防及海军建设。1854年，因吉田松阴密谋出航美国而遭连坐，被捕入狱。1862年出狱后，支持公武合休。1864年，被攘夷派志士、幕末四人斩之一的河上彦斋暗杀。

度入狱。最后，在安政大狱的风波中，吉田松阴被送到江户，以暗杀未遂的罪名被处斩。

说到吉田松阴的功绩，自然不能不提松下村塾的教育。松下村塾培养了很多青年。长州藩在明治维新中占据核心地位，很大程度上在于明治政府的要人中，许多人有在吉田松阴的松下村塾学习的经历。松阴的"草莽崛起"理想，便是希望来自底层的志士，可以改变腐败的幕府及诸侯，建立新日本。明治维新确实因为这个理想而成功了。不过，他的弟子伊藤博文、山县有朋等人是否继承了他的理想，这又是另外的问题了。

幕末的恐怖分子

吉田松阴把自己对未来的希望嘱咐给弟子高杉晋作[①]、

---

① **高杉晋作（1839—1867）**：日本幕末时期的著名政治家、军事家，长州藩尊王倒幕派领袖之一。1857年，拜松下村塾的吉田松阴为师，与久坂玄瑞并称"松门双璧"。深受吉田松阴倒幕主张及学以致用、教育平等思想的影响。后来开始批判旧学（儒学与国学），学习并传播西方先进科学知识。1862年，参与攘夷运动，火烧英国公使馆。1863年，面对西方列强舰船炮击长州藩的危急情形，高杉晋作组织了奇兵队，无论身份高低而起用人才，招募自愿参加的一般农民、商人和手工业者，但主要是藩内最下层的武士。参加两次反击征长作战，第二次更担任全藩军事统帅，并兼任海军总督，帮助长州藩取得了最终的胜利。然而，当明治维新的胜利曙光在望之时，高杉晋作于1867年病逝。

久坂玄瑞。高杉晋作虽然创建了一支农民也可以加入的近代军队，但后来却病故了。在此我只介绍久坂玄瑞（1840—1864）。

久坂玄瑞是藩医久坂家的次子。他早年在藩校学习医学与兰学，后来又进入松下村塾。吉田松阴将自己的妹妹嫁给他，对他抱有很大的期待。而久坂玄瑞也确实在吉田松阴死后，成为藩内尊王攘夷派的领导者，抨击公武合体派的家老。他还曾经跟随朝廷的使者前往江户，火烧英国公使馆，以现在的眼光看来，他可以说是行动激烈的恐怖分子。但他也与朝廷的公家往来密切，好几次以天皇的名义，要求幕府攘夷。然而，由于禁门之变的失败，他在公家的鹰司家的宅邸内自杀了。

久坂玄瑞就是这样一位坚定的攘夷派分子；他死后，曾与他并肩作战的长州藩尊王派，却在领悟到攘夷的不可能后，全都转为开国派。如果久坂玄瑞仍在世，看到这样的转变，不知道会有什么感想。

另外一个必须提到的人，就是大名鼎鼎的坂本龙马（1835—1867）。其实严格说起来，他的出生年应该是1836年。不过，我还是采用前面的记法，历法的事以后再说。

坂本龙马是土佐藩的乡士（平时务农，住在农村的武士）的儿子，"黑船来航"的那年（1853年），前往江户学习剑术，并且拜入佐久间象山的门下学习（也就是说，坂本龙马和吉田松阴是师兄弟）。他一度回到故乡，但很快就再次来到江户继续深造。出身土佐并不富裕的乡士家庭，他竟也能两度前往江户学习，由此可见当时的日本人，在某种程度有可以往来异地的自由。

土佐藩内部的上士与下士阶级对立严重，下士们组织了勤王党，坂本龙马也是成员之一。因为土佐的勤王党与长州藩的尊王派有合作关系，所以坂本龙马和久坂玄瑞彼此认识。坂本龙马后来进入幕臣胜海舟的门下，被提拔为幕府设立的神户海军塾的负责人。不过禁门之变后，幕府关闭海军塾，他便去投靠萨摩藩。并且为了倒幕事业，他游说长州藩与萨摩藩合作，使原本水火不容的两藩缔结盟约。坂本龙马自己也成立了海援队，从事贸易活动。另一方面，他与同样来自土佐藩的后藤象二郎讨论总结了"船中八策"；规劝将军德川庆喜大政奉还，便是其"船中八策"的建言之一。可不久之后，坂本龙马在京都的投宿处遭到暗杀。杀害他的凶手到底是谁至今成谜，被认为最有可能的是幕府派人暗杀，但也有人认为凶手来自萨摩藩。

明治维新之初，坂本龙马并不那么著名。虽然他促成了萨长同盟，应该功劳不小，但西乡隆盛[1]、大久保利

---

① **西乡隆盛**（1833—1877）：日本江户时代末期的萨摩藩武士、军人、政治家，与木户孝允（桂小五郎）、大久保利通并称"明治维新三杰"。来自下级藩士家庭，幼年时接受严格的武士训练。主张尊王攘夷，握有萨摩藩军权。曾与幕府一同征讨长州藩，后在坂〔接下页〕

通[①]，或木户孝允皆未曾称许他的功绩。即使是他的老师胜海舟，也没有在回忆录中特别提到他。土佐藩中认识他，并且日后成为明治政府要员的人，也不太关心坂本龙马的事迹。

被视为英雄的男人

坂本龙马后来成名是有原因的。当日俄战争的日本海

〔接上页〕本龙马等人之斡旋下，与长州藩结成"萨长同盟"。1868年，担任征讨幕府的大总督参谋，与幕府重臣胜海舟谈判成功后，兵不血刃进入江户城。1871年起，与大久保利通合作，推行废藩置县的改革，以消除封建割据，建立中央集权，真正建立近代的日本国家。1873年，因"朝鲜派遣使节问题"与大久保利通等人发生矛盾，辞职回到鹿儿岛，兴办军事政治学校。1877年，因士族问题爆发，旧萨摩藩藩士发动反政府的武装叛乱，史称西南战争，西乡隆盛被推为领袖，负伤战死。

① **大久保利通（1830—1878）**：日本江户时代末期及明治维新时期著名政治家，号称"东洋俾斯麦"。原为萨摩藩藩士，与木户孝允（桂小五郎）、西乡隆盛并称"明治维新三杰"。早先推动公武合体，后转而支持倒幕运动。明治政府在彻底消灭幕府势力后，为加强中央集权，制定奉还版籍、建立御亲兵、废藩置县等改革措施。同时主张整备内政，改革租税制度，推行劝农兴业，促进私人企业发展并加速工业化。并且积极推动对外扩张，派兵侵略台湾、朝鲜；对内镇压农民起义及士族叛乱。1878年，在前往办公地点的途中遭遇岛田一郎等6名征韩党士族的袭击，被刺身亡（纪尾井坂之变）。其殖产兴业、文明开化、富国强兵的三大政策由伊藤博文等人继承，帮助日本迅速成为近代化的资本主义强国。

海战即将打响时，明治天皇的皇后在梦中见到一位身着白衣的人，那人预言日军将会获得胜利。皇后不认识那个人，便把梦中所见告诉宫内大臣田中光显，土佐出身的田中确凿地认为"那一定是坂本龙马"，并声明他一定会保佑日本，使日本在海战中获胜。因为坂本龙马曾经是江户幕府海军的创设者，所以田中光显的断言被认为有其道理。不管皇后做梦的事情是真是假，总之，坂本龙马以日本海军守护神的形象，在日本人的心中复活了。除此以外，让坂本龙马成为日本人英雄的，还有小说家司马辽太郎写的《龙马行》。小说中的坂本龙马，是一个怀揣崇高理想，在青年时就不幸被刺杀的英雄人物。于是，坂本龙马开始被塑造成所有日本人爱戴的人物。

本章介绍的三个人，总是会被一起放在神社里接受祭祀。其实，这里用"一起"这个词并不严谨。因为根据神社的教义，他们和其他数十万英灵融为一体，被当成一尊神来祭祀。

明治新政府建立后，为了悼念在维新过程中死亡的亲人、朋友，政府举办了追悼仪式。第一次的祭祀典礼在1868年的秋天，当时戊辰战争还没有完全结束，祭祀的对象是死于最初的鸟羽伏见之战，为御锦旗、也就是为天皇一方而战的牺牲者，亦即所谓的"官兵"。次年，这个祭祀典礼变成常态性的仪式。

之后，西乡隆盛举兵反抗明治政府，史称西南战争。

官兵在镇压过程中，又有许多人战死，政府也为他们进行祭祀活动。神社里除了祭祀为天皇战死的官兵外，还有那些未能亲见维新成就便死于非命、被奉为"国事殉难者"的人。吉田松阴（死刑）、久坂玄瑞（自杀）、坂本龙马（暗杀）都被列为后者。

他们三个人都没有最终看到明治维新的成功，也都算是死于非命，但他们的灵魂却被奉祀在有"安邦定国"意味的神社之中。

吉田松阴的弟子伊藤博文无视韩国的国民情感，推行将韩国纳入日本属国的政策，并且担任第一任的朝鲜统监。而伊藤博文的下场便是遭到韩国版"草莽崛起"的志士安重根的暗杀。在韩国，安重根是民族英雄，被奉为"英灵"。我在《近代日本的阳明学》（讲谈社，2006）一书中曾提到，吉田松阴与安重根的心境应该是很接近的吧！虽然某位韩国研究者对此深不以为然，而提出斥责，我还是觉得他们两人确实有着某种相似的心境。伊藤博文不重视"草莽崛起"，就这一点而言，他可以说是不及格的松阴弟子吧！

11 井伊直弼、近藤勇、莜田仪三郎
——没有被奉祀的人们

正确的决定

人们以"英灵"来称呼入祀神社的人。死于沙场上的无名小卒与吉田松阴、坂本龙马等名人享有同样的称号。因为他们被认为是为日本这个国家的近代化而牺牲的，值得被表扬、被抚慰。

然而，却也有许多与"英灵"拥有相同的主观意愿，在幕末维新期间也为日本国倾尽全力，最后遭遇暗杀、刑死或自杀等命运的人，却因政治立场的不同，而不被认为是"英灵"，不能入祀神社。这一章要介绍的，就是其中的三位。

首先要提到的是井伊直弼（1815—1860）。井伊直弼是彦根藩藩主的第十四子。虽然是在小孩容易早夭的时代，但身为第十四个儿子却还能继位为藩主，确实还是出人意料吧！井伊直弼自虐地把自己居住的地方命名为"埋木舍"①，他精通儒学、禅学，也通晓日本国学，喜欢和歌，还擅长茶道与枪术，熟练能乐，精于击鼓，简直是松平定信理想中"文武"之人的完美典范。如果他没有踏入政治之路，或许会成为一个品味优雅的文化人。

　　然而，在兄长相继去世的情况下，井伊直弼继任为藩主。江户幕府建立之初，井伊家就是拥有谱代大名②地位的名门世家。他当上藩主后，很快成为幕府的重要人物。不久后，便发生了"黑船来航"。主张开国的井伊直弼与主张攘夷的德川齐昭等人对立，在将军后继的问题上也产生了冲突。这些我都已经说过③。井伊直弼作为大老④，决定将攘夷派一网打尽，这就是世人所称的"安政大狱"。

----

　　①　**埋木舍**："埋木"意为长期掩埋在地下的半炭化木头，引申为不为世人所知、怀才不遇之意。

　　②　**谱代大名**：德川家康将丰臣政权移转到关东地区时，授予主要世袭的武将城池与大名封号。1600年关原之战前即追随德川家康的大名为"谱代大名"，关原之战后才跟随德川家的是"外样大名"。（"谱代"意指世袭，"大名"是对领国有控制权的领主之称。）

　　③　请参见《东大爸爸写给我的日本史》的《剑之章》。

　　④　**大老**：江户时代辅佐将军的最高官员，统辖幕府的所有事务，仅在非常时期才设置。一般该职位只有一人担任，平时免于评定所的办公等日常事务，仅在将军做重要决策时参与行政。18世纪中叶以后，井伊家有数人任此要职。

但安政大狱也给他带来许多仇家，使他死于樱田门外的暗杀事件中。这件事我也已经说过。

对尊王攘夷派及其衍生的倒幕派志士们而言，井伊直弼是他们的师亲或友人的仇敌，因此到了明治时代，也对其贡献进行冷处理。甚至当人们要在横滨竖立井伊直弼的铜像，以颂扬其果断开港时，还遭到政府方面的阻挠。从明治政府高举的"文明开化"路线看来，不是可以证明井伊直弼当时的开国政策是正确的吗？更讽刺的是，为贯彻自己的信念而最后遭受暗杀的井伊直弼的墓地豪德寺（井伊家的菩提寺①），就在奉祀吉田松阴的东京世田谷松阴神社的旁边。

忠诚的新选组

其次要说的是近藤勇（1834—1868）。近藤勇是新选组的局长，出生于江户郊外，是多摩郡农民的第三子。他的剑术才能在江户得到赞赏，被试卫馆的道场掌门近藤家收为养子，并成为第四代掌门人。

由于久坂玄瑞等人的推动，将军德川家茂前往京都。

---

① **菩提寺**：日本代代归皈、埋葬并奉祀祖先的佛寺。如德川将军家的菩提寺为宽永寺及增上寺。

在清河八郎①的提议下，幕府除了正规军外，又以将军护卫的名义召集浪人，组成"浪士组"，近藤勇和试卫馆的门人一起加入其中。但到了京都后，近藤勇脱离了浪士组，而与原水户藩藩士芹泽鸭②组建了"新选组"，隶属担任京都守护职的会津藩，负责维持京都市内的治安，并在禁门之变中大显身手。不久后，芹泽鸭被杀，近藤勇成为新选组名副其实的领袖。

让新选组一战成名的，是池田屋事件。以桂小五郎（后来的木户孝允）为首的长州藩藩士策划了一次恐怖行动，他们准备在京都市内到处放火，趁乱将天皇从御所掳到长州。但新选组在他们举事之前就预先知道了行动计划，于是成功地阻止了他们。此后，新选组以反恐特殊部队的姿态，毫不留情地逮捕尊王攘夷派，许多志士因此遭到检举、处刑。

然而，幕府走上败亡之路已经是无法停止的。新选组在鸟羽伏见之战经历惨败回到江户后，近藤勇被胜海舟安排负责防卫甲府地方。但从西攻来的朝廷军队率先取得甲

---

① 清河八郎（1830—1863）：日本江户时代末期的庄内藩武士、思想家。支持尊王攘夷，且文武兼修。借将军德川家茂上洛之名组成"浪士组"，将其训练为倒幕运动的生力军。1863年，被幕府刺杀身亡。

② 芹泽鸭（1827—1863）：曾任"新选组"局长。1863年，参加由清河八郎组织的浪士组，与近藤勇等人被分配在同一小组。在清河八郎发表了要将浪士组作为尊王攘夷生力军的计划后，他投奔京都守护松平容保，组建成新选组的原型"壬生浪人队"，以对攘夷派残酷的狙杀闻名。同年，因内部矛盾，被新选组其他成员刺杀身亡。

府，近藤勇在胜沼之战中大败。为了重建声势，他改名为大久保大和。不过，不久后在江户郊外的流山被捕，最后以杀害志士的罪名被斩首。

近藤勇虽然出身农民，却心怀19世纪的武士道精神。在充满背叛与谋略的世道中，新选组以"诚"字为队旗，表达对将军尽忠的意思。幕府最重要的人物将军德川庆喜擅自从战场逃回江户，心意倾向归顺朝廷的胜海舟为了不使江户沦为战场，所以派近藤勇去甲府吧！近藤男忠实地执行了被给予的任务，最后却是陷入人生的最大困境。

新选组的残存成员后来继续转战会津、虾夷，新选组副长——近藤勇的好友土方岁三①——则战死在五棱郭（位于今北海道函馆）。

另外，旧幕臣中的强硬派组成彰义队，以江户的宽永寺为根据地，与西乡隆盛率领的朝廷官兵进行巷战，最终还是被击溃了。彰义队之名来自"彰显忠义"，顾名思义，很直接地表明了他们的想法。对平顺地带领日本走过两百多年岁月的幕府，萨摩与长州竟以冷酷的姿态对待，这是他们所不能原谅的吧！

---

① **土方岁三**（1835—1869）：新选组副长，德川幕府和武士道精神的最后代表人物。1863年，参加由清河八郎组织的浪士组，后转投新选组。在近藤勇担任局长之后，成为副长。从建立到衰亡，他自始自终与新选组同生共死。戊辰战争中，近藤勇被俘斩首后，他率领着残部逃亡会津，1869年战死于五棱郭。

白虎队的悲剧

本章要说的第三个事例，比前面提到的人物更具悲剧色彩。你所喜欢的偶像团体中的一员，曾在电视剧里出演筱田仪三郎（1852—1868）这个角色。筱田仪三郎便是会津白虎队的成员之一。

会津藩藩主松平容保原本是尾张的高须藩藩主之子，后来成为会津藩藩主的养子，继任为第九任会津藩藩主。无论是会津藩或是高须藩，都是水户藩藩主的子孙，也就是德川庆喜的亲戚。话说回来，当时的大名诸侯之间，大都是有血缘关系的。另外，容保的弟弟定敬，同样以养子的身份，继承了松平定信家，领地也从奥州的白河转封到伊势的桑名。

因朝廷的指示，幕府的领导人更换，德川庆喜就任将军德川家茂的后见职时，松平容保被任命为京都守护职。以前虽然朝廷设在京都，但是政治中心并不在京都，但从德川家茂赴京到大政奉还的这段时期，京都便恢复了政治性首都的功能。当时负责维护京都治安的人就是松平容保。结果，在鸟羽伏见之战后，他和德川庆喜退回江户，并据守会津，与朝廷的军队对峙。在担任京都守护职期间，他采取的逮捕尊王攘夷派志士的行动，使其成为敌对派的眼中钉。

会津藩的藩校名为"日新馆"，来自朱子学中的古籍

《大学》，学生根据儒学的古籍，分为尚书组、毛诗组、三礼组、二经组。筱田仪三郎在尚书一组，据说成绩十分优秀。为了对抗朝廷军队的进攻，藩校的学生也组成部队，称为"白虎队"。为世人熟知的白虎队悲剧，指的是将近二十名白虎队队员在出城时，看到失火的城下町，误以为城池被攻陷，为了"追随主上而死"，这些青年集体自杀了。后来城池确实被攻陷，会津人在明治初期受到迫害，过着痛苦的日子。顺便一提，松平容保的结局与筱田仪三郎他们不同，他在城陷之后仍然活着，并且寿终正寝。

在国难之时采取强硬态度，招致仇恨而被暗杀的井伊直弼；身居要职而严厉搜捕图谋颠覆国家的过激派，最后被判死刑的近藤勇；还有为了追随担任京都守护职的主上，集体自杀的筱田仪三郎等白虎队队员们，我觉得他们都是了不起的"殉国者"，但却都不在神社里的享受祭祀。

明治维新最大的功臣之一，在战场上死去（切腹）的西乡隆盛也不是"英灵"。因为他在人生的最后阶段参加西南战争以对抗政府，以"叛逆者"之姿离开人间。还有大久保利通，西南战争结束后，很讽刺地与井伊直弼一样，在前往办公地的途中被挟恨者暗杀了。他的死也不被视为"殉国"，所以没有被奉祀。

12　新政府的制度与语汇

地方和中央的制度改革

1869年（明治二年）5月，据守箱馆（函馆）五棱郭的榎本武扬与大鸟圭介投降，倒幕派与佐幕派的内战终于结束。新选组的土方岁三在更早之前也战死于此。

新政府把行政中心从京都迁到东京，打出"御一新"①的旗帜，开始中央集权的近代国家建设。当箱馆的战争还在持续的同年1月，新政府接受了萨摩、长州、土佐、肥前佐贺等四藩的藩主提出的"将土地（版）和居民（籍）奉返给天皇的'版籍奉还'"政策。当然，这并不是藩主们自愿的，而是各藩掌权的家臣们商定之后的行动。其他

---

① **御一新**：意指革新，后常代指"明治维新"。

藩也被要求效法，在新政府军攻陷箱馆后，他们便强制各藩"奉还版籍"。虽然天皇重新任命原来的藩主为"知藩事"，并由他们治理原有的领地，但这些江户幕府赏赐的领土，因为"版籍奉还"的推行，不再是世袭物，"知藩事"只是作为天皇的代理人来治理原本属于自己的土地。

　　1871年（明治四年），新政府改"藩"为"县"，并大幅度地变更区域划分，这就是所谓的"废藩置县"。新政策推行之初有三百多个县，但不久后，又以接近律令制度的"国"的划分形式，进行整理统合，并确定了东京、京都、大阪三府及北海道特别区域，完成了现在都、道、府、县的行政区划（将琉球国由"藩"变成"冲绳县"的"琉球处分"，发生于明治十二年［1879年］；而东京由"府"变"都"，则是更后来的事）。由于废藩置县，"知藩事"也更名为"县知事"，治理县务的人不再是原来的藩主，而改由中央政府派遣官僚赴任。

　　你知道为什么叫作"知事"吗？这个名称其实是仿效中国的官僚制度而来的。在中国，10世纪的宋朝强化中央集权，平民可以依靠个人的实力，通过笔试入仕为官。他们被派遣到地方，管理地方的事务，任期三年。而地方行政区划的府、州、县之长官，就是"知事"。举例来说，在苏州的知事的正式名称叫作"知苏州事"。"知"是统理的意思，"事"是业务的意思。明治政府仿效这样的称谓，任命藩主为"知藩事"。从这个例子应该可以看出，政府的高官们从少年时代起，就通晓中国的历史与思想了！另外，废藩置县实行一段时间后，"县知事"又改称"县令"；不过，"县令"这个名称也是来自中国，是中国自秦朝以来对地方官的称呼。宋朝时也曾有根据县的规模，出现"知县事"和"县令"并存的情形。

新政府不仅进行地方改革，还完善了中央的官制。中世以来长期有名无实的律令制度，终于重见天日。即以太政官为中心，下设正院、左院、右院三院（这些是新设），正院的大臣或参议之下又设置数省。其中还有新设的外务省、司法省、工部省等机构，而大藏省、兵部省、宫内省等，则是沿用古代律令制度下的名称。

古代日本接受律令制度时，中国的唐朝已经以"部"来指称朝廷机构（例如兵部、工部等），不过日本仍使用"省"（唐朝以尚书省统领六部）作为朝廷机构的名称，从明治维新时沿用到现在。不过，我每次见到"文部省"这三个字，就有明显的违和感。因为即使没有"省"字，"文部"二字已经能很清楚地表达出该机构的作用了。"文部省"现在已经更名为"文部科学省"。"科学"原来的语意是指"各种学术"。这个名称是根据英语原意直译的，但那些脑子完全西化的官僚们却毫不用心地照搬了。

西洋的制度和中国的词汇

　　通过对律令制度进行微调修正后形成的官僚机构，却也接受了对过度中央集权政策不满的自由民权运动的呼声，因此，政府方面也应允制定宪法。而且作为立宪的前期准备，政府废除太政官，设置取而代之的"内阁"。1885年（明治十八年），长州藩出身的伊藤博文就任第一任内阁总理大臣。还要补充的是，"内阁"这个词，也是借自中国明朝的制度。不管是"县""省"，还是"内阁"，这几个汉字都不使用训读发音，而是以音读的方式发音，因为这些都是源自中国的古称。[①]制定宪法时也是类似的情况，仿效《日本书纪》中圣德太子的事迹[②]，直接翻译了西方诸国的根本法典。近代日本的国家制度，确实由西方国家移植而来，但是这些制度所使用的词汇，却来自东亚的历史与传统。

　　另外，近代日本设置内阁之初有9个省，如果算上总理大臣，全部内阁成员共10人。这10位大臣中，长州藩与萨摩藩各占4个名额，剩下的两人，一个是土佐出身的谷干城，另一个赫然是曾在五棱郭与新政府军激战的旧幕

---

　　①　**训读、音读**：训读是指该日文汉字以日本固有同义语汇的读音发音，音读则是以该汉字当初传入日本时的汉语读音发音。

　　②　指的是圣德太子在推古天皇十二年（604年）所制定的《十七条宪法》。

臣榎本武扬①。这10位大臣中，当时最年长的才51岁，以现在的观点看，那是一个非常年轻的政府。不过，换个角度，出生于19世纪30年代的人，可以说是幕末志士时代的人了。当时的海军大臣西乡从道是西乡隆盛的弟弟，总理大臣伊藤博文与外务大臣山县有朋是曾经师从吉田松阴的长州藩改革派；而榎本武扬如果和土方岁三一样战死于五棱郭，应该就坐不上大臣的位置了。

　　从"版籍奉还"中可以看出，维新之初主导政治的力量，是出身萨、长、土、肥（萨摩藩、长州藩、土佐藩、肥前藩这四藩的总称）"西南雄藩"的倒幕派，所以当时的政府被批评为"藩阀政府"。后来土佐藩的板垣退助②、

---

　　① **榎本武扬（1836—1908）**：日本江户时代末期的幕府臣子、虾夷共和国民选总裁、明治新政府内阁大臣、海军中将。青年时期受幕府派遣到荷兰学习海军知识，学成归国后参与戊辰战争。1868年，倒幕军进入江户，他拒绝交出军舰，并率8艘军舰和部分陆军一路北上占领了北海道，10月成立虾夷共和国（对内称"虾夷德川将军家臣武士团领国"），出任总裁。在五棱郭之战中，面对败局已定的情形，为避免无谓的牺牲，主动请降。因其才识出众，被明治新政府吸纳，先后出任驻清国大使、伊藤内阁的邮政大臣、农商务大臣、文部大臣、外务大臣等，被封为子爵。1897年辞官归隐。

　　② **板垣退助（1837—1919）**：明治维新的功臣之一，日本第一个政党自由党的创立者，著名的自由民权运动领袖，被誉为"日本的卢梭"。组织"爱国公党"，成为日本最初的政治结社，并于1874年向左院提出《民选议院设立建白书》。1881年自由党成立，被推举为该党总理。1882年，在东海道演讲时遇刺；同年，不顾党员及舆论反对，坚持赴欧洲游历考察。1884年，在众叛亲离之下解散了自由党。1890年，组建"立宪自由党"，次年更名"自由党"。曾担任伊藤博文内阁大臣，1900年从政界引退。

肥前藩的大隈重信①等人在政争中落败，辞去新政府的职务，由此可以清楚地看出，最初内阁中的主流派便是萨摩和长州。明治时代的总理大臣一职，几乎被萨长出身的人所垄断。另外，长州在陆军的力量大，萨摩在海军的实力强，他们通过戊辰战争，拥有了巩固自己地位的正当性。

《大日本帝国宪法》与《教育敕语》

为了响应对"藩阀"的批判，政府以伊藤博文为中心，逐步落实宪法的制定。伊藤博文先辞去总理大臣的职务，以新设立的枢密院议长的身份，与井上毅等人共同研究宪法草案。就这样，1889 年（明治二十二年）2 月 11 日，《大日本帝国宪法》颁布。形式上，这是由君主明治天皇制定的宪法，也就是所谓的"钦定宪法"，但当时大家都知道，这实际上是由伊藤博文等人完成的。"大日本帝国由万世

---

①　**大隈重信（1838—1922）：**明治时期政治家、财政改革家、早稻田大学的创始人，出任日本第 8 任和第 17 任内阁总理大臣（首相）。青年时期广泛接触西方知识与科技，曾加入 1888 年第一次伊藤内阁及之后的黑田内阁，担任外相，致力于不平等条约的修改与废除。1898 年第一次出任内阁总理，该内阁是日本政治史上第一个政党内阁。后因政党矛盾爆发而辞职。1914 年再次组阁，1916 年辞职。在其政治生涯中，他主导的改革成功地使日本建立了近代工业，巩固了财政的根基，为未来日本的发展提供了一定的基础。

一系之天皇统治。"宪法的第一条便如此宣告。以前有时也会用"皇帝"来称呼日本的君主，但根据此时制定的宪法，从此日本的君主在法理上的称谓即为"天皇"。

然而，颁布宪法之事，也让政府内部产生动摇，尤其是县知事等地方官员的内心有着强烈的不安；他们在东京召开的会议上纷纷表示，非常担心自己现在治理的地方会因为宪法的颁布而出现种种问题。针对这一点，中央政府决定以天皇下诏的方式，发布成为臣民（遵守宪法的日本国民）精神指引的告示。负责这项工作的人是宪法起草者之一的井上毅及负责天皇教育的元田永孚。他们是同乡（都来自熊本），而且以前同为横井小楠门下的学生。横井是和佐久间象山齐名的幕末开明派先驱，曾在明治政府中任职，但后来遭到暗杀。

1890年（明治二十三年），井上毅与元田永孚的合作成果问世了，即所谓的《教育敕语》①。在这一年，以前一年颁布的宪法为基础的帝国会议也开设了。《教育敕语》极为重要，它强调了立宪制度的原则，从实质上确立了由天皇（天皇为名的中央政府）教导臣民的体制。

---

① 《**教育敕语**》：日本明治天皇颁布的教育文件，其核心理念贯彻于第二次世界大战以前的日本教育之中。该敕语具有强烈的儒学色彩，强调培育学生的道德与修养，也被批评为过于侧重国家主义。第二次世界大战后，在美国为首的同盟国占领军主导之下，于1946年起逐渐从教育休系中被排除。

1945 年（昭和二十年），日本战败后，GHQ（驻日盟军最高司令官总司令部）在废除《大日本帝国宪法》之前，先宣布《教育敕语》无效。之所以这么做，大概是因为联合国方面（尤其是美国）的研究认为，《教育敕语》与日本的军国主义、侵略主义息息相关吧！教导忠孝的儒家教条虽然本身并不存在值得批判的东西（我对这样的评价部分性地表示赞成），但是发布《教育敕语》时所期待的效果，其实隐藏着很大的危险性。《教育敕语》告诉"臣民们"，不能为了自己的幸福而活，应该为了创造大日本帝国的繁荣而活（或死）。在这种思想主导下的青少年教育，是一种忠君爱国教育，可以用来正当化日本的对外侵略行为。我觉得这是我们必须清楚认识的。

13　岩仓使团与重视教育改革

岩仓使团的惊奇之旅

我好像说得太急了。明治时代与社会息息相关的重大变革还有很多很多，我无法一一介绍，就先说说下面的几个方面吧！

在外交方面，明治政府认为，必须第一时间与外国交涉修改原有通商条约的事宜，目标是获得关税自主权及废除领事裁判权，这些都是从前既定条约中的不平等规定。为此，明治政府计划派出首脑人物，前往欧美诸国进行考察。于是，右大臣岩仓具视担任团长，率领包括木户孝允、大久保利通、伊藤博文等人在内的使团，在1871年（明治四年）出发了。他们乘船进行了为期3年的世界考察之旅。（图3）

图3 岩仓使节团主要成员（左起：木户孝允、山口尚芳、岩仓具视、伊藤博文、大久保利通）

团员之中并非只有伊藤博文有外国（英国）留学经验，但这一趟旅程中的所见所闻，对所有团员来说是充满惊奇的。在岩仓具视等坚定的攘夷派公家人物的想法中，外国是野蛮人的地方，然而在游历参观中，他们实际所见之近代西方国家的种种，无不让人惊叹。欧美诸国与日本的差距让他们愕然，并且深切地感受到彼此的差距已经不是修改不平等条约就能缩小的。

动荡的欧美诸国

岩仓使团出国考察的19世纪70年代，也是欧美诸国迎接变革的时期。

美国在南北战争（1861—1865）后，于1870年出现了第一位黑人参议员。但与此同时，美洲原住民的地位却一直未得到认同，并且在彼此的对抗行动中，还发生了代表镇压方的卡斯特军团被原住民彻底歼灭的事件（1876年）①。另外，1867年美国从俄国手中买下阿拉斯加；并

---

① **小巨角之役**（Battle of Little Big Horn）：1876年6月25日，在蒙大拿州小巨角河附近，美军和北美势力最庞大的苏族印第安人之间爆发的一场"最惨烈"的战争，最终以印第安人的胜利而结束。由疯马（Crazy Horse，1839—1877）率领的印第安人军队歼灭了卡斯特（George Armstrong Custer，1839—1876）率领的美国历史上著名第1骑兵师第7骑兵团。

于1869年开通了横跨美国的铁路，确定领土范围并正式开展对西部的拓荒。日本NHK曾经播出的人气电视连续剧《大草原上的小木屋》^①，叙述的便是19世纪70年代美国开拓西部的生活。

长时间处于分裂状态的意大利与德国，也在这个时期完成了各自的统一。先说意大利：撒丁王国统合了其他小国，于1861年成立意大利王国。1866年，意大利王国从奥地利帝国手中夺得威尼斯，1870年占领了抵抗到最后的罗马教皇领地。至此，统一的意大利终于诞生了。而同样处于国土分裂状态的德国，18世纪时以势力大增的普鲁士王国为中心，在排除奥地利的情况下，推进统一德国的进程。但普鲁士王国的行动遭到法国的反对，于是普法战争爆发，最后普鲁士获胜，国王威廉一世在法国巴黎即位为德意志皇帝（1871年）。日本的经历与德国、意大利类似，其中德国的统一更让岩仓使团印象深刻。后来伊藤博文再度前往德国，调研宪法的起草。《德意志帝国宪法》可以说是《大日本帝国宪法》的蓝本。

同一个时期，俄国正紧锣密鼓地扩张中亚的领土。将阿拉斯加卖给美国，说明俄国的目标不在美洲，而是想在欧亚大陆上建立一个庞大的国家。根据1858年的《瑷珲

---

① 《大草原上的小木屋》：原名为 *Little House on the Prairie*，是美国作家劳拉·英格尔斯·怀德（Laura Ingalls Wilder，1867—1957）于1935年出版的作品。

条约》与1860年的《北京条约》，俄国侵占中国西伯利亚东部及沿海区域的领土，与日本隔海遥遥相对。从此以后，对日本来说，俄国便成为威胁日本北方的假想敌。岩仓使团回到日本后，依据《桦太千岛交换条约》的内容，俄国得到了桦太全岛的权利。然而，当时俄国国内不满专制体制的呼声日益高涨，社会主义的思潮风行，改变体制的革命运动已经开始萌芽。1881年，俄国沙皇亚历山大二世被暗杀。使团的成员们或许从中看到，中央集权的高压式统治，未必能带来国家的安定。

另一方面，英国、法国等民主先进国家，当时也在推行了社会改革。在英国，根据《选举法》的变革，1868年上台的自由党政权（格莱斯顿内阁）制定了《教育法》及《工会法》，致力于普及劳工阶层的受教育权和提高劳工地位。法国则因为普法战争的失败，皇帝拿破仑三世被迫退位，建立法兰西第三共和国（1870年）。但次年3—5月，一个由劳动者组成的公社（巴黎公社），在巴黎成立了自治政府，与凡尔赛的临时政府对立。在巷战中，临时政府得到德国军队的援助，以军力优势成功地压制对手。当时日本的劳工问题还不明显，使团借着这个事件，预先看到未来可能发生的情况。

如果使团出国的时间提前几年，他们大概就看不到德意志帝国的成立，也见不到法兰西帝国的垮台吧！历史中往往存在着许多偶然的机缘。我觉得日本不向俄国或法国看齐，而决定以新兴的德国为榜样的时间，应该就在1871年。

教育制度最重要

　　担任使团事务员之一的久米邦武，为这三年的视察访问，做了优秀的详细报告。老实说，我并没有全部读完久米邦武的记录，但从中我很清楚地看到，西洋文明有多么让使团感到惊奇，以及使团想把日本改造成什么样的国家。久米邦武回到日本后，成为著名的历史学者，负责编纂史料。他与重野安绎等人，利用儒学与国学，纠正日本人脱离事实的历史认识，筹划撰写基于史实的历史书。他们认为《古事记》或《日本书纪》的内容并不是历史事实，而是神话传说。这种认知应该是在游历欧美一圈后，从经验中衍生出来的合理思考吧！清楚地了解世界后，才能开始看得见国内的事情（没错，不知道世界史，就不能谈论日本史，这和我所持的理论一样。反之亦然）。

　　不过，久米邦武合理的观点却被坚信"神话即真实"的保守人士批驳。他的理论认为，"神道是祭天的古俗"，也就是说，日本自古以来的神道虽难得且珍贵，但其实不过是世界上其他地区也存在的古老而纯朴的信仰的类似形态。为了打击其理论，久米邦武被逐出东京大学；不过同乡（佐贺）的大隈重信创办的早稻田大学，却欢迎他的加入。后来，早稻田大学的另一位历史学者津田左右吉①，也对《古事记》及《日本书纪》进行了实质的解析与批判。20世纪30—40年代，在东京大学担任讲师的津田左右吉因为讲授"不敬"的内容而饱受非议，不仅著作被禁，还遭到被起诉的命运。当时正是第二次世界大战如火如荼的时候，对于那些感到自己信仰的偶像遭到威胁的人来说，学术言论自由是可怕的，所以自古以来总有人因为倡导学术言论自由而受到抵制；而提出"明治维新对日本真的好吗？"的疑问，当然更是如此。

好了，回到原来的话题吧。

随同岩仓使团考察访问的还有约60名留学生。这应该算是遣唐使以来的传统吧！不过特别值得一提的是，作为近代的象征，这批留学生中包括女性。这些女学生后来继续留在美国，寄宿在当地家庭中学习。津田梅子便是其中之一，她回到日本后，设立女子英学塾（现在的津田塾大学），是日本女性教育的开创者。

明治政府的初等教育政策始于1872年（明治五年）的学制颁布，当时岩仓使团还在欧洲的旅程中。因为这次颁布的学制存在瑕疵，所以在1879年以教育令取代学制。

---

① **津田左右吉（1873—1961）**：历史学者，被称为"日本古代史研究第一人"。他从近代史料出发，批判《日本书纪》《古事记》的观点，否定神话的"津田史观"成为"二战"后历史学的主流。

不过，在这之前的1877年，作为综合性高等教育机构的东京大学就已成立，成为初等教育（小学）、中等教育（中学）的领导者。此外，政府也成立了若干旨在培养教师的师范学校，招收对教育抱有热忱的优秀人才。除了这些官方设立的学校，拥有特色学风的私立学校也相继成立，例如庆应义塾、早稻田、同志社等，都是从成立之初一直持续到现在的名牌学校。

新的教育制度之所以能够顺利推行，正如前文提到的，是因为在江户时代后期已经生根的文化传统在发挥作用。政府并没有强制设立学校，而是公众希望接受西式教育，所以民间也有创办学校的需求。正因为有这样的教育观，所以日本的西化与近代化能够获得成功。

教育如果只涉及制度，就无法完全发挥其作用。从培养教育人才开始，到确实完成种种基本建设，再加上获得受教育者的积极支持，那么教育就能硕果累累。教育政策与旨在复苏的经济政策或解决具体事件的外交交涉不同，它事关少年儿童的成长，是经过十年、二十年才能看到成果的。不，不仅是需要经过长时间才能看到成果；如果有弊端，也是要经过长时间才会显现出来。而且弊端出现时，通常已来不及阻止了。该为这样的事情负责的人不仅是我们这些教育工作者，所有的成年人，都应该为你们这一代负责。我前面已经说过了，明治政府非常重视教育（姑且不论其内容），这是必须给予好评的。

14　与昌平坂学问所划清界限的东京大学

两所大学的起源

江户时代末期，大阪（当时表记为"大坂"）附近有两所学校，一为"怀德堂"，一为"适塾"。

怀德堂是18世纪时由地方商人创设的学校，是排斥荻生徂徕学风的慈善家们为了教授正统的朱子学而设置的场所。怀德堂后来也接受幕府官方的资金援助，成为关西地区的朱子学据点。赖山阳也曾与怀德堂有过交流。怀德堂可以说是传授东亚传统学术的地方。

至于适塾，是兰学者绪方洪庵的私塾。适塾作为引入西方学问的窗口，聚集了许多优秀的人才，庆应义塾的创办者福泽谕吉[1]青年时代就曾在这里学习。

---

① 福泽谕吉（1835—1901）：日本近代著名的启蒙思想〔接下页〕

翻阅大阪大学的历史，就可以发现这两所学校都是它的起源。传统的东亚学术（儒学）和新兴的欧美学问（西方科学），是近代日本高等教育的两大基础。

令人遗憾的是，我所工作的东京大学却强调与前者的割裂。松平定信在宽政改革时设立的昌平坂学问所，作为幕府的官方学校，也是大学的起源之一。但昌平坂学问所的结局反而是在"这与制度无关"的话语中，走上了被关闭废除的命运（请参见图4）。

那么，东京大学的直接起源是什么呢？根据公开的说法，是幕府的天文方和种痘所。前者是为了制定历法而设置的学术机构，但不久后则转为研究西方自然科学，相当于理学部。后者设置的目的如同其名，是依靠荷兰医术，实践预防医学的设施，不久后变成研究医学、药学的机构。二者是昌平坂学问所改组为"大学"（这个名称来自朱子学）时的外围组织，被分别称为"大学南校"与"大学东校"。但不久后，南校与东校合并，超越原本的主要大学，而称为"东京大学"。

我现在所属的部门是东京大学文学部的中国思想文化学研究室。这个研究室的工作内容，是研究并教授儒教、

〔接上页〕家、明治时期杰出的教育家。他毕生从事著述和教育活动，形成了富有启蒙意义的教育思想，对传播西方资本主义文明、对日本资本主义的发展起到巨大的推动作用，因而被日本称为"日本近代教育之父""明治时期教育的伟大功臣"。

道教等东亚传统思想。然而，昌平坂学问所已经从东京大学的系谱上被切除了。东京大学设置这个研究室的主要目的，是为了引入西方的学术（和大阪大学不一样）。现代的儒学研究已经和江户时代的昌平坂学问所或怀德堂不同，而是被当作是西方传来的"哲学"研究。

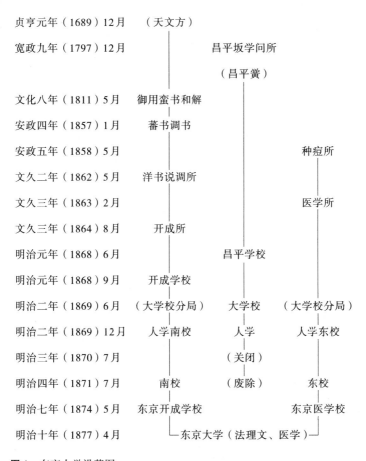

贞亨元年（1689）12月　　（天文方）

宽政九年（1797）12月　　　　　　　昌平坂学问所

　　　　　　　　　　　　　　　　　（昌平黉）

文化八年（1811）5月　御用蛮书和解

安政四年（1857）1月　蕃书调书

安政五年（1858）5月　　　　　　　　　　　种痘所

文久二年（1862）5月　洋书说调所

文久三年（1863）2月　　　　　　　　　　　医学所

文久三年（1864）8月　开成所

明治元年（1868）6月　　　　　昌平学校

明治元年（1868）9月　开成学校

明治二年（1869）6月　（大学校分局）　大学校　（大学校分局）

明治二年（1869）12月　人学南校　人学　人学东校

明治三年（1870）7月　　　　　（关闭）

明治四年（1871）7月　南校　（废除）　东校

明治七年（1874）5月　东京开成学校　　　东京医学校

明治十年（1877）4月　　东京大学（法理文、医学）

图4　东京大学沿革图

"教育荒废"的原因

明治政府在引入西方学术时，也会延聘当地的学者。当时日本的薪资水平远远低于欧美国家，但是为了吸引优秀人才，明治政府破格提供高薪，因此成功地招募到许多充满热情的青年教师。这些年轻的外国教师，一般被称为"特聘外国人教师"。

没错，为了充实教育，以高薪招揽优秀的人才是最有效的办法。即使是中等教育（中学校），明治政府也以高薪招聘外国教师。以写《怪谈》一书成名的拉夫卡迪奥·赫恩（Lafcadio Hearn，日本名为小泉八云）[1]，曾任岛根县松江中学校的英语老师。不只外国教师可以领高薪，优秀的本国教师一样可以获得高薪。夏目漱石[2]在爱媛县松山中学校任职时的生活，就如同他的小说《少爷》里的描述。我认为最近喧扰不已的"教育荒废"的最大原因，就在于

---

[1]　**拉夫卡迪奥·赫恩（1850—1904）**：出生于希腊的爱尔兰人。1890年前往日本，此后曾先后在东京帝国大学和早稻田大学开设英国文学讲座。与日本女子小泉节子结婚，1896年加入日本国籍，取日本名为小泉八云。曾著书向西方介绍日本和日本文化，乃是近代史上著名的"日本通"，现代怪谈文学的鼻祖。

[2]　**夏目漱石（1867—1916）**：日本近代著名作家。他对东西方的文化均有很高造诣，既是英文学者，又精擅俳句、汉诗和书法。他坚持现实主义的创作方法，其作品具有强烈的道德意识和对现实的深刻批判，并且对个人心理的描写也精确细微，开启了后世私小说的风气之先。著有《我是猫》《三四郎》《心》《从此以后》等。

学校老师（包含我这样的大学教员）的薪资水平相对太低
了。只有优秀的人才来当老师，学生们才会被吸引，才会
激起学习的热情。

偏重实用学科是危险的

话题回到明治时代的大学。最早设立的国立大学——
东京大学（后来更名为"帝国大学"，但因为京都也设有
帝国大学，所以东京的帝国大学便称为"东京帝国大学"）
的使命，在于把西方的学问介绍到日本，并在日本生根。
其中包括对塑造近代国家骨干至关重要的法学、西洋医学，
以及实现富国强兵必不可少的工学。在西方最先进的国家
英国，工学由于是单纯的技术学科，并未受到重视，因此
在牛津、剑桥等底蕴深厚的大学里，原本并不属于授课项
目；但在标榜"文明开化"的明治时代的日本，以工学为
代表的实践性学科，却是必须先学会的科目。基于这样的
考虑，所以现在我们还是会习惯地以"法、医、工、文、理"
的顺序来描述东京大学的各个学部。

总而言之，日本引入近代学术各分野的先后顺序，是
以能否立即发挥作用为判断标准的。以当时的日本来说，
会这样选择也无可厚非，但这也为当代仍偏重实用学科埋
下了伏笔。不论是欧洲（基督教）、东亚（儒教）或西亚（伊

斯兰教）的大学，以前都是以人文学科为中心的，因为技术性的知识应该是从师徒制的传承中学习的。以现在来说，类似于传授技术的专门学校（我对专门学校没有偏见。学习实践性的、有用处的技术，对社会来说是非常重要的）。

　　然而，在日本的大学里，实用技术被重视的结果，就是造成了"现在一定要学习这一行"的科系大受欢迎的情形。在这种情况下，受害最深的就是文学部，这也是我所属单位面临的严重问题。这实在是很可怕的事。我这么说不是着眼于自己的得失，而是从国家的"百年计"（这个词你们懂吗？）出发。明治维新的成功，在于先前人文教育的普及。帮助明治政府迅速实现近代化的掌握实用技术的大学生们，都在中学或高等学校求学时，已经彻底地充实了自身的人文素养。19世纪西欧各国的成功，也是得力于人文学科的兴盛。我对一心想摆脱昌平坂学问所、只把理学（天文方）和医学（种痘所）视作自己起源的东京大学，内心深觉不以为然。

15　张伯伦与摩斯眼中的日本

特聘外国人教师所做的记录

人们并不会去记录自己认为理所当然的事情。想想我们写的日记吧！虽然会写每天的行动，但不会写每天都重复发生的。相反地，若出现了和平常不一样的事情时，就会记录下来。例如，"洗澡、睡觉"这种事是不会写的，但会写"因为得了感冒，所以没有洗澡"。

历史的记录也是如此。当发生平常不会发生的事情时，此事就会被记录下来，并借此把事情的经过流传到后世。但人们认为理所当然的事情，反而不会被记录。

不过时代一旦改变，"人们认为的理所当然的事"也会有变化。例如，平安时代的人们是不在浴室洗澡的，即使是光源氏那样的贵族也一样，因为当时还没有浴室，也没有浴盆。历史学记录的是"哪一年，在哪里发生战争"，这是和"平常发生的不一样"的事，并留下相关史料，后人因此便于研究。但当时人们日常的生活，其实并不是这么容易探究的。

比起日本人，外国人更愿意记录日本人平常的生活情形，因为对他们来说，这是罕见新奇的。明治时代有很多西方人留下了记录，其中尤为引人关注的是特聘的外国教师们所写的内容。或许是基于职业上的习惯，对日本人的生活状况充满好奇心的他们，记录了在日本的生活，并整理成书，向他们的同胞介绍。

我从众多记录日本生活的书中，挑出两本在这里介绍。一本是巴兹尔·霍尔·张伯伦（Basil Hall Chamberlain）的《日本事物志》（*Things Japanese*），另一本是爱德华·西尔维斯特·摩斯（Edward Sylvester Morse）的《日本的每一天》（*Japan Day by Day*）。

算盘与行水

张伯伦是英国人，1873 年他在 23 岁时来到日本，在东京大学教语言学，他在日本生活的时间超过 30 年。1890 年，《日本事物志》首次出版（当然是英文版），后来经历多次修订改版，1939 年作为最终品的第 6 版问世。

从初版到第6版，中间相隔了将近50年，在那50年间日本也发生了很大的变化。然而即使是在最终版（高梨健吉译，平凡社东洋文库，1969年）中，仍然飘散着明治初期的日本味道。

其实《日本事物志》是一本以拉丁字母顺序编排、条目下用短文解释的百科事典。这本书的第一个条目便是"Abacus"，即"算盘"。它的开头文字是这么写的：

> 如果懂得用算盘（日本人的发音为sorobann）计数，那么买东西时就会方便许多……比起我们用笔和纸计算，日本人现在还是喜欢用算盘。这个岛国上不存在心算这种东西。问一般的日本人五加七是多少时，如果他手边没有如好朋友一样的算盘，就会一筹莫展。
>
> （第一卷，第3页）

这样的记述虽然有些夸张，但应该是张伯伦的真实感想吧！他对日本人不论走到哪里都算盘不离手的现象，确实感到惊讶不已。张伯伦到最后好像还是没有学会如何使用算盘。为了不被将算盘拨弄得噼里啪啦响的古玩铺掌柜开出的数字糊弄，还是好好学会算盘吧！

至于"入浴"（Bathing）这个条目，是这样开始的：

> 清洁，是日本文明中少数的独创事项。几乎所有

日本习惯的根源，都来自中国，只有浴盆除外。（第
一卷，第60页）

日本人如何洗澡之事，似乎总是很让西方人惊讶，在
其他外国人关于日本的记录里，也都一定会提到这件事。
张伯伦也一样，并且认为这与清洁有关。因为江户时代私
宅里有浴室的情况并不普遍，人们通常都在户外沐浴，这
是普遍的情景。不过，在明治的文明开化政策下，颁布了
禁止在公开场合裸露身体的法律，才终于改变了人们在户
外沐浴的习惯。张伯伦是如此描述的：

　　……人们带着盆子走到房子外面（行水）。不过，
这种情形现在只有在附近没有负责执行现代法规的警
官巡逻的时候才会出现。洗澡对西方人来说是高尚的
行为，但对日本人来说却是尊重清洁。《日本邮报》
的编辑说得很好："在日本可以看到人的裸体，但那
没有什么好看的。"

因为在户外沐浴是理所当然的，所以日本人不会想去
窥视别人洗澡。而在需要付钱的澡堂里，男女不可共浴还
是明治时代才有的规定。人类是愈被规定"不可以看"，
就愈是想看的生物。张伯伦刚到日本时，社会上还残留着
浓厚的江户气息，大部分人还是在室外"行水"。如果不

会觉得不好意思，就没有什么好遮遮掩掩的。女性们如果不遮遮掩掩的，也许就没有特别想偷窥的男性了。万岁！

素描下的民众文化

　　另一个要介绍的外国人是摩斯。摩斯是美国动物学家，他39岁到日本，3个月后发现了大森贝冢①。他也在东京大学任教，讲授达尔文的"进化论"，他在日本生活的时间比张伯伦少6年。不过他在离开时，搜集了日本人的生活用具或陶瓷器带回国，向他的同胞介绍日本的民众文化。

　　《日本的每一天》于1917年出版，他在日本时所画的素描，则被作为书中的插图。素描与照片不一样，很能够反映出画图者的主观想法。那种主观的想法有时虽然会偏离事实，但正好可以从那样的偏离中，探寻作者是以怎样的眼光观察他的对象（日本）；这是耐人寻味的资料。日语版的《日本的每一天》（平凡社东洋文库，1970年）也采用了作者本人手绘的草图，请务必要找来看一看（就这个意义而言，我觉得文献史料，也就是用文字记录的东西，

①　**大森贝冢**：在今东京都品川区、大田区发现的绳文时代后期至末期的贝冢遗迹，除贝壳外，另发掘出土偶、土器、石斧、石镞、人骨片、鹿骨及鲸鱼骨等。1877年（明治十年），摩斯对其进行了科学的调查研究。

比起照片更接近绘画。写在书上的事情未必是事实，因为
会受到书写者观感的影响）。

在这本书中，我最喜欢一幅已婚女性染黑牙齿的图。
一名女子跪坐着，身体向前倾，一边用左手拢住右手的袖
子，一边染黑牙齿。现在，再来看看下面这段文字吧！（图5）

大的铜器用来吐含漱在口中的水，上面架着一片
金属板，板上有两个黄铜的容器……手拿着一侧有刷
毛、像竹刷子一样的木片，这就是普通的日本的牙刷。
她把牙刷浸过水，接着放入坚果的虫瘿，然后像做清
洁一般在牙齿上搓，偶尔拿起放在旁边的水碗，以水

图5　取自摩斯:《日本的每一天》。

漱口，再拿起镜子，看看牙齿是否刷黑了。（第三卷，
第153—154页）

　　根据摩斯的记录，这位女性是旅馆的老板娘，她说大
约三四天就会这样刷一次牙齿。对日本男性而言，这位旅
馆老板娘的刷牙行为，不过是平日常见的光景，应该不会
特地把这种行为作为记录画下来吧？就像现在的我们不会
特地记下女性使用什么东西来做牙齿美白一样。

　　没错，我想表达的就是"要有洁白的牙齿"这种广告，
在以前是行不通的。黑牙齿是已婚女性的特征，其地位相
当于现在的结婚戒指吧！而且，黑牙齿不是"令人讨厌"的，
反而是人妻魅力风韵的象征，是"熟女"的标志（哇！从
刚才的裸体，接着又谈到熟女，好像太情色了。这样的话
题就此打住吧）。

　　最后正经地说一件事吧！幸好有这些特聘外国人教
师，把西方最先进的学问介绍到日本。不过，他们在教室
里授课时使用的语言并不是日语。张伯伦及摩斯在课堂上
讲授语言学或生物学时，使用的是英语。不久，他们的日
本学生也开始站上讲台。这一批日本教师将英语的专业词
汇翻译成日语，并用日语授课，教育下一批日本学生。

　　近年来国际化的声浪越来越大，大学的专门教育应该
英语授课的呼声，便是其中的一部分。使用日语学习自然
科学或社会科学，或许确实不够国际化；不过，我觉得为

了让学术在日本普及发展，努力使用日语来传达不也是不能懈怠的事吗？语言是文化的基础，我认为应该将用日语教学视为问题的核心。

16　最后一招——采用阳历

靠寺院的钟声报时

　　明治的西洋近代化，甚至影响了人们知道时间的方式，这可以说是"时间的文明开化"（冈田芳朗：《明治改历："时"的文明开化》，1994年）。

　　在江户时代，西洋制的机械钟表是荷兰商人献给将军的礼品，是只有江户城内才会有的新奇之物，一般庶民是无缘触及的。那时人们只能依靠寺院里的钟声，才知道当下是什么时间。例如，下午是自正午响九次钟声开始的，名声响八次时是"八つ刻"，该暂时休息一下吃点心①；响

---

　　①　**八つ刻、吃点心**：两者发音近似。"八つ刻"的日语发音为yatsudogi，而日语中点心"おやつ"的发音为oyatsu。

六次则是黄昏了，可以停止一天的劳作了。没错，随着时间的推移，敲钟的次数是递减的。不过在钟响四次的夜半之后，接下来又是钟响九次，表示新的一天开始了。"草木也沉睡的满丑时刻，寺院的钟在黑暗的包围下，锵……"的丑时，是最适合说鬼故事的八次钟声"八刻"；黎明将至的时候，是响六次的"六刻"。（图6）

　　江户时代不管冬天还是夏天，都将日出与日落的时间称为"六刻"。然而，当代的时间体系并不是如此：夏至时的日出时间在凌晨4点左右，冬至时在早上7点左右，而江户时代却全都固定为"六刻"。这被称为"不定时法"

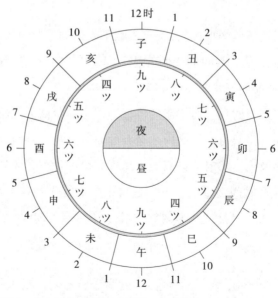

图6　日本江户时代的时刻图

（虽然江户时代是以固定的"六刻"作为日出日落的时间，却被称为"不定时"，这很奇怪，但没办法，因为这是西方中心主义的称呼方法）。另外，白天的一刻钟与晚上的一刻钟在长短上也不一样（除了春分与秋分日外）。夏天白天的一刻钟确实比晚上的一刻钟时间长，冬天则正好相反。我们常说"漫漫秋夜长"，物理上说来，秋天的夜晚确实比夏天的长。

江户时代的时间认知法，就是这样简单的。虽然在严格要求时间的准确性时，有古代中国发明的水时计（漏刻），或西洋式的机械时计可以使用，但在日常生活中，寺院的钟声似乎就足以应付人们的需求了。总是随时在注意手表的我，实在非常羡慕那样的生活。看，我又在看手表了。从开始写这一章到现在，已经过了25分钟呢。

旧历的精确度

从前的日本虽然对时刻的判断较为模糊，但关于年月日的历法却相当复杂精细。在以前的著作中，我都根据内容的需要，对当时历法做简单的解说（最近的一本是《织田信长：最后的茶会》，光文社新书，2009年）。这里在内容上或许与以前的解说有些重复，但我认为在思考"近代是什么"的问题时，这是个相当重要的环节，所以请忍耐一下，就再听我说一次吧！

　　旧历的结构是古代中国发明的。从遣唐使自中国（唐朝）带回旧历，日本使用了近 1000 年，直到江户中期，涩川春海参考新时代的中国历，制定了独立的历法（贞享历）。不过，基本的年月日算法并没有变化。

　　旧历的特征在于同时利用了太阳与月亮的运行规律。你们都知道，我们现在使用的历法叫作太阳历吧？这是只根据太阳的运行来计算年月日，完全忽视月亮运行的历法，所以叫作太阳历。为了与太阳历做区别，旧历便被称为"太阴太阳历"（阴阳历）；而太阴指的是月亮（所以日指的是"太阳"）。因为天体的"月""日"，和历法中的"月""日"容易造成混淆，所以在提到天体的月、日时，以下就以太阴、太阳作为称呼吧！

　　太阴有盈亏。太阴从新月，到蛾眉月、上弦月，然后满月。之后，满月又渐渐地从右侧开始变化，经过下弦月，又回到新月的样子。这样一个轮回的周期约是 29.5 日，也就是一个月。再说太阳，白天与夜晚的长度（从日出到日落的时间与日落到日出的时间），每天都有变化。若以白天的长度为例，冬至时的白天最短，过了冬至后，白天就渐渐变长，到了夏至，白天最长；然后过了夏至，白天又慢慢变短，迎接冬至的到来。从冬至到冬至（或夏至到夏至）的天数，是 365.2422 日。这就是一年。

　　一年的日数如果是一个月的整数倍，那么应该就不会有以下的做法了。问题就在于日数并非整数倍，相除后的近似值是12，尚有余数。太阳历的做法是将余数分散到不同的月份，把一个月的日数调整为30天或31天。不过如此一来，就无法与太阴的盈亏对应了。旧历则把太阴的盈亏作为制定历法的标准，所以有"三日月"①或"十五夜"这样的说法。

因为从天体观测得到一个月是29.5日，所以在历法制定上，29日的月份数与30日的月份数是相同的（和太阳历不同，几月有几天并不一定。不同年份，有29天的3月，也有30天的3月）。剩下的14天（365−29.5×12＝14）便存下来。就这样，等存下来的日子到了29.5日，那一年就有一个"多出来的月份"，也就是"闰月"。每19年会有7次闰月，而有闰月的那一年就有13个月。这就是本章的重点。

明治六年为何要改历法？

明治六年相当于公元1873年，该年是有闰月的。当时岩仓使团还在访欧，大隈重信负责留守政府的财政。当时的政府因为要推行新学制、新设征兵制、振兴产业等政

---

① 三日月：旧历初三夜的月亮，或指在这日前后的弓形弯月。有时特指旧历八月初三的月亮。

策，支出相当庞大。而税制改革却还未见成效，且经济规模有限，政府因税收无法提升而苦恼，财务状况十分困窘，甚至到了连官员的薪水都难以按时发放的地步（江户时代的武士领年俸，但明治政府实行的是发放月薪的制度）。一年发 12 次薪水已经捉襟见肘了，明治六年偏偏还有闰月，必须发 13 次薪水。这让大隈重信伤透脑筋。

所幸后来创办早稻田大学的大隈重信不愧是聪明人。他想到了与平常年一样，只付 12 次薪水的办法，即把明治六年变为普通的一年。这一年有 13 个月的，只有中国、韩国等东亚国家；而成为文明开化模范的欧美各国的历法（太阳历）并没有 13 个月，欧美国家在这一年只需支付 12 次薪水。

于是，日本便决定仿效欧美国家，采用太阳历。虽然政府于前一年（明治五年）的十月公布了这一政策，但无论如何看起来都是一个相当匆促的决定。因为旧历与阳历的日期大约错开了 1 个月（本书不详细说明这一点，请参阅《织田信长：最后的茶会》），所以公布采用新历法的时间，已是太阳历的 11 月了（前文说过，坂本龙马的出生年是 1836 年，这是太阳历的算法，但若算旧历的话，应该是前一年的 1835 年。但是我一向觉得他是在与一八三五年重叠的年出生的人。对当时是同年龄的人，突然变成不同年出生了，我觉得这样不太好）。

明治五年，也就是 1872 年，当政府于这一年旧历十月宣布采用太阳历时，已经是太阳历的11月，离新年只有两个月了。因此，明治五年没有十二月。没错，就这一点而言，政府确实减少了薪水的支出。原本政府在明治五年必须支出12次薪水，明治六年则必须支出13次薪水，但改变历法后，明治五年变成只需支出11次薪水，明治六年则只需支出12次薪水。国库就这样减少了两个月的薪水支出，避免了正面遭遇财政困难与付不出官员薪水的窘境。这种做法，说起来其实相当不公平且狡猾。

采用太阳历之事让普通老百姓非常吃惊，因为在采用太阳历之后，传统的年中节日行事都提前了将近一个月，生活因而大为混乱。立春的前后是正月，但天气却是严寒；原应是桃花节的女儿节（3月3日），却改在早春的梅花开放之时；抬头仰望盛夏天空的节日是七夕（7月7日），却碰上了梅雨季节。因此，这些年中节日行事一直到很久以后（因各地不同，有些直至昭和时期），都仍然采用旧历。"旧正月"指的就是旧历的正月。

中国和韩国在晚日本数十年后，也采用了太阳历。但是，包含越南在内的许多国家的传统节日行事，仍然沿用旧历。对他们而言，太阳历的1月1日确实是历法上的新年，但并不是真正的"正月"。公家或公司放数天假，让员工们返乡与家族团聚的日子，则是旧正月。以下是我个人的意见：我觉得日本今后如果还想作为东亚的一员，一定要与其他国家配合，恢复旧正月。

17　铁路物语

铁路开通30年间的惊人变化

1872年（明治五年）5月7日，日本最早的铁路开始临时营运，这条从品川到横滨（现在的樱木町站）的铁道长约24千米。同年7月，完成了新桥到品川约5千米的路线。9月12日，举行了自新桥到横滨的正式开通仪式；太阳历是10月14日，所以这一天被定为日本的铁道纪念日。

当初的行车时刻表是一天来回9趟，单趟需要53分钟。和现在搭乘京滨东北线从新桥到樱木町的37分钟比起来，当时的速度可以说相当快了。铁路开通以前，陆路行走速度最快的是骑马或乘快轿，但骑马或乘快轿并非人人可以实现，所以第一次搭乘火车的人的感觉，或许就像我们坐过山车一样新奇吧！

由于铁路的开通，从新开拓的国际都市横滨到东京的时间，缩短到可以当天来回。因为想要方便外国人和日本商人，所以最先铺设的是这条铁路。1879年，这条铁路的路线全面复杂化，对开列车不必在车站内等待，就可以直接向前行驶。

之后，日本各地纷纷铺设铁路。东海道线在1889年（明治二十二年）完成了从新桥到神户的全线贯通，单程行驶需要约20小时。两年后，东北本线的上野到青森之间全线开通（单程为26小时）。接着山阳本线也通车了，从东京直达下关的快车只需要一天的时间。现在的新干线"希望号"从东京到新下关站则只要4.5小时（遗憾的是，"希望号"只通过新下关站，实际上并不靠站停车）。在江户时代，（即使坐船通过濑户内海）至少要花10天以上的时间才能到达的地方，在铁路开通30年间的变化，与当时到现在的百年间变化相比，前者确实更为惊人。

大都市的铁道路线网

比较日本与世界其他国家的铁路，我认为日本最大的特征在于大都市内部的铁道路线网。各国的铁路通常是通往郊区或远方的交通工具。比如，法国巴黎的中心区域就没有铁道路线，而是在巴黎市中心边缘的各个方向设有数个车站。开往南部的路线的起站，就以位于南部的目的地城市里昂为车站站名。若拿东京都的情况做比喻，新宿车站就变成了"甲府车站"吧！把这些火车站连起来的，是与长距离铁路不同的地铁。

相对于外国，日本很早就开始建设地面上的铁路，作为大都市内部的交通网。东京首先开通了数条短距离路线，通过这些路线的相互连接，形成了现在的山手线、中央线、总武线。另外，私铁方面也从新宿、涩谷、千住（后来的浅草）等站开始，将路线延展到郊外。这些路线由于实现了电气化，所以火车头不会再冒出会污染城市的烟。凭借这个优点，可以称其为"环保列车"。电车成为通勤或购物时的代步工具，这对扩大东京城市的范围有很大的贡献。

此外，路面电车或地铁也开始投入运营，东京的铁道路线网像血管一样扩展、延伸。不过，由于最初没有规划好整体设计图，所以东京的铁道路线实在太复杂了，这也是无法否认的，现在更是和地铁的路线纠结在一起了。

总之，包含路面电车与地铁的铁路网，似乎已经占据了近代日本交通的核心地位。与铁路相反，以船作为工具的水运则失去了其在江户时代的力量。曾经因为广设海面或河面的码头而繁荣的市镇，其光景因为偏离铁道路线而衰落了。另外，海岸线是错综复杂的区域，并不适合用铁路将一个一个的码头连接起来，因为那样会导致地基下陷。

但那些能够与火车站直接连通的具备地理条件优势的港湾都市，却能够利用周围的繁荣而迅速成长。横滨就是其中的典型。面朝东京湾，从很久以前的镰仓时代就已存在的数个港口中，横滨是发展得最成功的港湾都市。

进入新干线的时代

然而，历史总是讽刺的。当铁路进入追求高速化的时代后，铁道就被要求直线化。1964年（昭和三十九年）开业的东海道新干线便不经过旧横滨，而是从东京径直开往小田原，然后在横滨市内与横滨线交叉的地方，另设了"新横滨"车站。东海道新干线开始营运时，所有的超特快"电光号"列车从东京出发之后，下一个停靠站便是名古屋。我小时候如果要去京都、大阪的方向旅行，得从新横滨车站搭乘"回声号"出发。

后来，由于制动器的改良，现在"希望号"也在新横滨站靠站停车了。这当然也和在新横滨站上下车的乘客众多有关。新横滨站的周围，已经不是我最初记忆中看不到高楼的样子了；那里早已饭店、会议厅大楼林立。显而易见，这正是新干线从各地带来的商机。每次看到那里，我就更能切实地感受到横滨这个港口城市由于铁路的发展而带来的繁荣。即使航空时代来临了，横滨还是繁荣依旧（羽田机场靠近东京都内的神奈川县也是原因之一吧），横滨虽然没有自办的机场，却仍能保有大都会的气场与威严①，理由就在于此吧！

铁路是文明开化的象征，支持着近代日本的发展。

---

① 横滨（Yokohama）：是仅次于东京、大阪的日本第三大城市，人口数量仅次于东京。位于神奈川县东部的，是神奈川县的县厅（行政中枢）所在地，也是著名的国际港口。

18 韩国问题与清日战争

注意韩国

从现在起，我们来谈谈明治时代的日本与外国之间的关系吧！

如果我问你"日本的邻国有哪些"时，你会怎么回答呢？

日本是岛国，四面环海，实际上并没有陆地直接接壤的邻国。所以这个问题的答案，应该是相当宽松的吧！可以是从很久以前的卑弥呼或遣唐使时代就与日本往来的中国；隔着日本海，与日本有"北方领土问题"的俄国也可以说是邻国；或者，在辽阔的太平洋彼端的美国，也能说是邻国。太平洋战争便是因为日本海军偷袭夏威夷的珍珠港，美国才对日本开战。

　　不过，离日本最近的国家，应该是韩国吧！在卑弥呼迎接来自中国（三国时期的魏国）的使团之前，日本列岛和朝鲜半岛之间就互有往来了。而这个魏国使团，并不是从中国的首都洛阳出发的，他们是带方郡的官员，而带方郡现在位于朝鲜境内。其实也可以说，那不是"从中国来的使节"，而是从"朝鲜半岛（韩国）来的使节"。卑弥呼之后的300年，日本在飞鸟地区①确立王权。如前作说过的，充满传说色彩的"圣德太子"——也就是厩户王，曾经从周围的百济、新罗将朝鲜半岛的文化引入日本。

　　不过，现在要说的，还是与之前一样，日本自古以来所并称的"三国"，指的是中国、印度与日本，基本上无视韩国的存在。这种不正视韩国的情形一直延续到近代，但我觉得现在的我们不应该继续用这样的态度去面对韩国。

　　进入21世纪后，韩国还与日本共同举办了世界杯足球赛，不仅诞生了"韩流"这个词，韩国的职业棒球甚至有争夺世界第一的实力，现在的韩国已经是和日本站在同一高度的国家了。在我的学生时代并不普及的韩语，现在也变成了亚洲的主要语言之一，其重要性紧追中文之后。我觉得，你们应该正确地认识到，在韩国的历史中，尤其是近代史，日本对韩国做了些什么。

　　江户的"锁国"时期，其实幕府和韩国（朝鲜王国）

————————

　　① **飞鸟地区**：指今日奈良县高市郡明日香村大字飞鸟周边地区。

仍维持正式的外交关系。通过对马藩的居中联系，来自朝鲜的通信使①抵达江户时，还加入臣僚的行列。但随着江户幕府财政状况的恶化，19世纪初，通信使制度被废除。虽然不知道是否有因果关系，但就是从这一时期开始，国内"日本是优秀的国家"的意识愈来愈清晰高涨。对于这点，我在前作中也有所谈及。或许就是因为与最接近的邻国断绝往来，日本才会变得过度自我。

　　明治维新之后，日本向朝鲜王国提出恢复外交的要求，结果却被拒绝。不管是从当时看还是从现在想，拒绝日本的朝鲜政府领导者可以说是不太理性的。不过，如果站在朝鲜的立场上思考，应该就可以理解为什么它会拒绝日本了。因为朝鲜一贯信奉向中国（清朝）尽忠的国际秩序，而对于擅自脱离该秩序并开始学习西方事物的日本，当然抱持着不信任感。"欧美才是文明的"，这只是明治政府的判断；朝鲜政府此时还没有意识到自己有改变原有价值观的必要。

---

　　① **朝鲜通信使**：历史上朝鲜派往日本的官方正式使节。广义是指15—19世纪朝鲜王朝派往日本室町幕府、丰臣政权、江户幕府和明治政府的外交使节，狭义是指壬辰倭乱后自1607—1811年朝鲜王朝派往江户幕府的12次外交使节。朝鲜通信使是朝鲜王朝"事大交邻"外交政策的一环，与日本派往朝鲜的"岁遣船"一起构成了当时朝日官方往来的主要形式。

征韩的思想

　　武士之国——日本，想以武力惩罚不接受自己主张的邻国，这就是所谓的"征韩论"。"征"这个字，隐含上位者在下位者做错事时进行惩罚的意味。然而，当时这个邻国的正式国名是"朝鲜"，并不是"韩"（国名有时会因时代的变动而产生变化。这个问题有点麻烦，以后会再说明），为什么不是"征朝"，而是"征韩"呢？原因应该源自于明治政府对神功皇后"三韩征伐"的执着吧！

　　在前作中，我也提到过神功皇后的"三韩征伐"，那是出现在《古事记》及《日本书纪》中的事件。但就像我在前作中强调过的，那是日本擅自虚构的事件，真实历史中并没有反映这一事件的证据。神功皇后应该是以卑弥呼为原型创造出的人物，编撰《古事记》与《日本书纪》的文人，在7世纪后半叶权衡了国际情势之后，便借由神功皇后征服邻国的事迹，捏造出自古以来日本的地位就高于韩国（当时的统治王朝是新罗）的历史。

　　明治政府的首脑们学习的是以《古事记》《日本书纪》为基础的水户学及国学中的历史，所以相信三韩征伐的传承。"征韩论"是岩仓使团还在国外时的留守政府——也就是以西乡隆盛、板垣退助为首的政府——的政策。1873年（明治六年）8月，在"征韩论"的鼓动下，明治政府确定任命西乡隆盛为派往朝鲜的特使。

然而，适时回到日本的岩仓具视与大久保利通在看过了欧美诸国的情形后，他们认为当时与朝鲜交战并不符合国家的利益，便取消了"征韩论"的政策。而对此极为不满的留守政府首脑们便一起下野。西乡隆盛在4年后发动的西南战争中，以"贼军首领"的身份战死；板垣退助则因为发起自由民权运动，而遭受政府的迫害。而在当下的舆论中，西乡与板垣被认为是站在人民这边，被视为英雄；岩仓与大久保则被认为站在体制那边，变成了令人厌恶的压迫者。但是别忘了，前者才是积极推动"征韩论"这一侵略政策的人。

其实，岩仓与大久保也没有要与朝鲜国永远保持对等的友好关系的想法，他们之所以反对"征韩论"，只是认为当时日本不宜发动军事行动罢了。因此，两年后的1875年（明治八年），日本便派遣军舰，通过示威行动，向朝鲜政府挑衅。果然，日本军舰在江华岛遭到了炮台的攻击，并立刻展开报复，向朝鲜政府施压（江华岛事件①）。日本派遣黑田清隆（萨摩藩出身，原为西乡隆盛的部下，后来成为第二代的内阁总理大臣）为全权大使，与朝鲜交涉，

---

① **江华岛事件**：又称"云扬号事件"。1875年5月，"云扬"号等日本军舰奉命入侵朝鲜釜山，进行炮击骚扰；9月，入侵江华岛一带（位于汉江入海口，被视为首都汉城的门户），并与当地朝鲜守军发生冲突，以日本大获全胜告终。该事件被视为朝日签订《江华条约》的导火索，最终日本迫使朝鲜打开了国门。

次年成功地缔结《江华条约》^①。他们本身也觉察到了吧！想想看，这样的情形与20年前，佩里的舰队要求日本开国的行动，实在是如出一辙。

《江华条约》使朝鲜王国否定了自其开创王朝后，500年来一贯以"中国（明、清）为中心的国际秩序"的国策。表面上，该条约使朝鲜独立，摆脱了与中国的宗主关系，但实际上这是率先加入欧美国际秩序的日本，站在其比较优越的立场，以武力强行要求朝鲜开国的行为。

清日战争

理所当然地，朝鲜国内对日本的反感情绪越来越强烈了。曾经遭受丰臣秀吉侵略的记忆，在他们的头脑里复苏了，所以他们也和当时一样，向宗主国中国求援。那时中国（清）为了与欧美对抗，正在进行改革，也就是所谓的"洋务运动"。中国为了将朝鲜留在自己势力范围内，便积极

---

① 《江华条约》：本名《日朝修好条规》，日本与朝鲜于1876年2月26日（农历丙子年二月二日）在朝鲜西海岸的江华岛签订的不平等条约。通过该条约，日本取得了自由贸易权、免征关税权、日本货币使用权、获得居留地权、自由勘测朝鲜海岸权及领事裁判权等诸多侵害朝鲜主权完整的特权。日本利用"舰炮外交"，成功打了朝鲜国门。该条约是日本大陆政策的"吞并朝鲜"的开端，为日本进一步掠夺朝鲜以及后来对中国发动侵略提供了前提。

地与日本进行外交活动。作为新兴势力的日本，与原有的亚洲大国——中国（清朝），围绕着朝鲜的问题，双方展开了利害之争。在经过20年的波折后，两国还是难免战端。那是1894年（明治二十七年）的事。

"清日战争"①这个名词或许会让人产生疑惑，误以为这场战争的战场是在中国领土上（很明显地不会在日本境内）。但实际上，虽然黄海海战②、威海卫海战③等双方海军交战的地区，都在中国沿海；不过，陆军的主要战场却在朝鲜境内。

1895年（明治二十八年），根据《马关条约》④，日

---

①　**清日战争**：又称"甲午战争""第一次中日战争"。

②　**黄海海战**：又称"大东沟海战"。1894年9月17日，中日双方海军主力在黄海北部海域进行的一场重要海战。此役北洋水师失利，共损失5艘战舰（致远、经远、超勇、扬威、广甲），日本联合舰队多艘战舰重创，但未沉一舰。战后，北洋水师退回旅顺、威海，以"避战保船"为由不再出战，日本海军掌握了黄海制海权。

③　**威海卫海战**：是保卫北洋水师根据地的防御战，也是北洋舰队的最后一战。1895年1—2月，日军从侧后登陆，对威海卫实施水陆夹击。清军由于战略布置错误，兵力单薄，陆海军缺乏协同，舰船困守港内，最终威海卫基地陷落，北洋水师全军覆没。

④　**《马关条约》**：日方称《下关条约》。1895年4月17日（光绪廿一年三月二十三日），中国清朝政府和日本明治政府在日本马关（今山口县下关市）签订的不平等条约。根据条约规定，中国割让辽东半岛（后三国干涉还辽）、台湾岛及其附属各岛屿、澎湖列岛给日本，赔偿日本2亿两白银；中国还增开沙市、重庆、苏州、杭州为商埠，并允许日本在中国的通商口岸投资办厂。其签署标志着清日战争的结束。

本以胜利者的姿态，结束了这场战争。中国的清朝政府承
认朝鲜为独立国，同时割让台湾与辽东半岛给日本（但在
俄、法、德三国的干涉下，日本将辽东半岛归还给中国）。

　　继"琉球处分"（1879年）[①]之后，台湾也被日本侵占，
日本因此大大地向南扩张了。但朝鲜的问题还没有结束，
接下来又爆发了日俄战争。

---

　　①　**琉球处分**：是学者对日本吞并琉球的一系列政策及过程的概
括用语。该过程以1872年"琉球藩"的设立为起点，到1879年"冲绳
县"设置，及翌年"分岛问题"的发生及终结，前后长达九年。1876年，
强迫琉球国终止与清朝的外交关系。1879年（清朝光绪五年、日本明
治十二年）3月11日，在推行废藩置县政策的过程中，琉球藩被废除，
编入鹿儿岛县。4月4日，宣布设立冲绳县。"二战"后，琉球群岛交由
联合国托管。1972年，美国将琉球群岛的管理权移交日本，冲绳县复县。

19　日俄战争不是防卫之战

扭曲的"司马史观"

司马辽太郎这个名字，多次出现在我的前作中。为了不造成误会，我一再向大家说明，我并不是讨厌司马先生本人而批评他的历史观。绝对不是那样的！我只是想提醒大家注意：司马先生的史观特立独行，明显与现今学界的研究结论存在差异，但他的史观的影响力却正在逐渐扩大中。

正因为如此，所以我常常（这绝非随口说说的无聊话！）将他和赖山阳放在相同的位置上。赖山阳的名著《日本外史》在包括明治维新的元勋在内的许多日本人心中，深刻地种下了"日本在镰仓、室町时代，就已经是以天皇为中心的独立国家"的历史认知；而司马主张的"明治维新的改革是正确的，但在日俄战争中获胜后，路就走偏了"的解释，也广为大家所接受。他们的主张都是"单纯而容易理解的历史"。然而，却没有什么比"单纯而容易理解的历史"更危险了。因为人类并不是单纯的生物，而是相当复杂的。

已经有不少历史学者对所谓的"司马史观"提出了批判。我要在这里，从那些批判声中，向你们介绍中冢明的《司马辽太郎的历史观》（高文研，2009年）。如同这本书的副标题"问其'朝鲜观'与'明治荣光论'"，作者对司马辽太郎无视朝鲜问题与日俄战争，一味赞扬时代言论之观点，做了根本性的批判。这本书是以很平易的文字完成的，所以你一定要看一看。

中冢明多年来致力于研究近代日本与朝鲜（韩国）的关系，是这方面的专家。他的书，以2009年在NHK电视台播放的《坂上之云》（星期日的大河剧）为评判的对象。司马的原著是描写日俄战争的长篇小说，不过文中也穿插了实录风格的详细考证，以这样的形式来描述日俄战争为日本带来了什么。不过，这样的基调也正是中冢氏所批判的"明治荣光论"。

中冢氏在书的开篇这样写道：

　　我每次想到日本人的历史观，或者了解欧美大国、却不了解邻国韩国及其他亚洲国家之事的国际观，及

现在日本的对外政策选择等问题时，就会感觉到《坂上之云》的最大问题，便是司马辽太郎关于朝鲜的叙述。（第22页）

为什么"司马辽太郎对朝鲜的叙述"有问题？问题在哪里呢？其实，问题不在于他在《坂上之云》中如何叙述朝鲜，而是在于他几乎没有叙述。

司马开始执笔《坂上之云》的时间，是1968年（昭和四十三年）。我记得这一年是全世界政治与社会十分不安的一年（关于这个，以后再做介绍）。因为这一年有自民党主导的"明治百年"庆祝活动，而将这年作为著作的开始。司马认为"昭和的战争"是错误的，但明治的建国是绝对正确的。把明治时期与昭和前期切割，就可以美化明治的历史，而司马的《坂上之云》在这个美化的过程中占据了一定的位置。他无视明治日本对韩国（朝鲜）的作为及犯下的错误，建立了那样的历史观。

我印象尤其深刻的是，司马在自己撰写的《韩国纪行》中，描述了古代韩国文化对日本的影响，但他的关注的层面只停留在古时候韩国与日本的交流，却在旅行中绕过不远处的东学党起义①的遗迹，对那场战争避而不谈。

---

①　**东学党起义：**又称"甲午农民战争"。1894年在朝鲜〔接下页〕

东学党起义就是以前被称为"东学之乱"的民众起义，那是清日战争之前，在朝鲜国内发生的武装暴动。为了镇压暴动，朝鲜向宗主国（清朝）请求派兵支援，而日本也伺机出兵登陆朝鲜。该事件也成为中日两国冲突的导火线。因此，忽视这一事件在日本近代化过程中的重要性的司马史观，可以说是扭曲的。

对《坂上之云》的见解

《坂上之云》所叙述的日俄战争也一样。日俄战争是日本为了确立对朝鲜及中国东北的支配权，与俄国爆发的战争。司马在《坂上之云》中，详细地描述了战争的经过，但却无视这场战争其实是日本侵略朝鲜政策中一环的事实。这是中冢的论点。司马辽太郎认为，日俄战争是日本为阻止俄国南下侵略的防卫战争；但通过观察明治初期以来日本对朝鲜的政策，就能知道事实并非如此。

我不在此叙述日俄战争的详细经过。司马也写道，当初攻击旅顺虽然是一场无谋之战，但却获胜了。战胜当然

〔接上页〕境内爆发的、由东学领导的反对国内腐朽统治、反对帝国主义侵略瓜分的农民起义。这是朝鲜半岛历史上规模最大的一次农民战争，以"逐灭倭夷"为纲领之一，促进了朝鲜民族意识的觉醒。

是好事，但战后缺少反省，还把乃木希典①奉为英雄，这样的结果与昭和的悲剧实在脱不了关系。就这一点而言，司马对这场战争是有意见的，只是，他的观点还是建立在全面肯定明治维新的历史观之上，以由上往下看的怜悯眼光，看着朝鲜的牺牲。中冢便是因此而感到愤怒的吧！

"韩国"与"朝鲜"

日本在日俄战争中获胜后，接下来并没有对俄国有所行动。总之，韩国应该是这场战争的受害者之一吧！在美国的居中协调下，日本与俄国和谈（《朴茨茅斯条约》②），朝鲜从此变成受日本保护的国家。噢，不，不是朝鲜，正确的说法应该是"大韩帝国"。

---

①　**乃木希典**（1849—1912）：日本陆军大将。曾参与戊辰战争、西南战争、甲午战争等，并于日俄战争中指挥旅顺会战。1912年明治天皇大葬后，乃木切腹殉死。对乃木在旅顺之战的功过有许多争议，司马辽太郎则持批判的观点，认为因乃木指挥不当而造成死伤惨重。

②　《朴茨茅斯条约》：1905年，在美国的调停下，日本与俄国在美国朴茨茅斯海军基地签订条约，结束日俄战争。该条约规定：（1）俄国承认日本对朝鲜在政治、军事、经济上享有指导、保护及监理权；（2）俄国将中国旅顺口、大连湾的租借权及其附属特权，转让给日本；（3）俄国将其所获之中国南满铁路及其支路、利权、煤矿等，无偿地转让给日本；（4）俄国将库页岛北纬50度以南割让给日本。

　　中国在清日战争中败北后，朝鲜即不受中国保护，"朝鲜王国"因此改名为"大韩帝国"。因为君主的称号由"王"提升为"皇帝"了，所以国家也变成与"大日本帝国"或"大清帝国"对等的国家。但为什么不是改名为"大朝鲜帝国"呢？因为"朝鲜"王朝的名称，是14世纪末的中国（明朝）赐予的（也或许是因为受到日本的干涉）。从这个时候开始，他们便自称为"韩"。

　　在此先说一下，后来日本并吞大韩帝国，这个地区再度被称为"朝鲜"。不过，当朝鲜半岛独立后，"大韩帝国"的南部改名为"大韩民国"，北部则是"朝鲜民主主义人民共和国"。虽然"韩"与"朝鲜"的汉字写法完全不同，但英语都是Korea；此外，"共和国"和"民国"的英语也同样是Republic，不同的地方只是在"民主主义"和"人民"。附带要说的是，"民主主义""人民"及"共和国"等，都是和式汉语。

　　日俄战争后，日本在韩国设置派驻机构"统监府"，第一代统监府长官便是伊藤博文。他也是日本第一位内阁总理大臣，是重量级的政治人物，以此表示日本对韩国的重视（但绝对不是友好的善意重视）。然而这样一位日本政治人物，却被韩国人深深憎恶，最后被韩国人安重根刺杀于中国哈尔滨。

　　不过，这一暗杀事件并未能阻挡日本对韩国的进一步侵略，更没有促使日本反省。之后，韩国被日本吞并，这

就是所谓的"日韩并合"①。"并合"其实就是强大的一方
吃掉弱小的一方，并不是对等的"合并"。

那是1910年（明治四十三年）的事。

---

① **日韩并合**：1910年8月22日，大韩帝国总理李完用与大日本帝
国代表寺内正毅签订《日韩并合条约》，规定朝鲜半岛成为日本领土的
一部分，日本的韩国统监府改制为朝鲜总督府，成为统治朝鲜半岛的机
构。直到1945年8月15日，日本昭和天皇接受《波茨坦公告》，日本失
去对朝鲜半岛的实效统治。

20 正视历史

不要移开视线

悲惨的话题还要继续下去，请忍耐呀！有些人会以避开"不想听的话"为前提，叙述日本的历史（尤其是近代历史）。他们批评，像本书一样呈现"大日本帝国"加诸亚洲各国的伤害是"自虐史观"①的表现。但是，我认为这样的批评正好暴露了他们缺乏自信心呢。他们处处搜集"我们（的祖先）绝对不是坏人"的证据，只是为了让自

---

① **自虐史观**：目前日本主流的历史教科书中对"二战"中日军行径的如实描述，被部分学者认为是在"自虐史观"的指导下所编写的。这些学者认为，教科书夸大描述日军的暴行（尤其是经常采用缺乏确据的传言），而忽略日军在东亚地区"建设性的一面"，此举就是"自虐史观"的表现。

己在精神上感到安心而已。我的形容词或许比较低级一点，但用"自慰史观"来形容他们的历史观似乎是比较贴切的。

话说回来，当大日本帝国并合了大韩帝国后，韩国人对日本的不平不满情绪，便更加高涨了。韩国人认为自己是文化的先进国，自古以来正是韩国把文明（源自中国的东亚文明）传递到日本的。朝鲜王朝五百年的文官系统，很自然地对武士血统心生排斥，不愿意被以军人为主体的日本统治机构（最初的朝鲜总督正是军人出身①）的力量支配。韩国人无法从内心去欣赏日本积极汲取的西洋文明。

第一次世界大战就在那样的情况中爆发了（1914—1918）。美国总统威尔逊（Thomas Woodrow Wilson）高举"民族自决"的大旗，于大战中途参战。战争结束后，战败国德国、奥地利、土耳其等帝国解体，欧洲诞生了许多民族国家。

这样的情报当然也传到"朝鲜"。巧合的是，1919年1月，曾经是大韩帝国皇帝的李太王②驾崩了，但此时却传出他是被日本人毒死的说法。李太王之死，或许让人想

---

① 第一任朝鲜总督是寺内正毅，其任期为1910—1916年。

② **李太王**：即李熙（1852—1919），李氏朝鲜的第26代君主，庙号高宗。其王妃闵氏因欲联俄抗日，于1895年被日本人暗杀。1897年，朝鲜独立为大韩帝国，高宗即为开国君主，并追封闵妃为明成皇后。1910年，日本并合大韩帝国，高宗被封为"德寿宫李太王"。1919年，他突然于德寿宫逝世，他的死成为"三一运动"的导火线。

起了之前的闵妃暗杀事件（清日战争后，因为闵妃不屈服于日本，日本便派人在王宫中将她毒死）。在日本学习的韩国留学生们发表独立宣言后，汉城也在3月1日公布独立宣言。之后，许多地方爆发了反日运动，总督府以军事手段激烈镇压，造成数千人的死亡。这一系列的反日事件被称为"三一运动"（或"独立万岁事件"）。

　　吸取教训的日本，开始任命文官为总督，并且努力开发农业，把笼络人心作为政策的一部分。不过，尽管如此，这并没有改变日本对朝鲜殖民统治的本质。

从"九一八事变"到侵华战争

　　这一年中国也发生了和殖民地"朝鲜"本质并不相同的反日运动。中国的这次反日运动也以日期为名，称为"五四"运动。"五四"运动是一场针对第一次世界大战后巴黎和会将战败国德国在山东的权益转让给日本的抗议行动。因为当时中国（中华民国）也是参战的协约国一方，战争结束后中国从战败的德国手中收回山东的权益，应该是理所当然的事情。但日本却抓住中国当时的政府无法统一国家的弱点，要求履行中日双方在战争中协定的"二十一条"，使日本在战后可以继承德国在山东的权益。日本参与被称为欧洲势力之争的第一次世界大战的目的，原本就在于夺取德国在山东的权益。日俄战争之后，日本的活跃并不是单纯为了成为亚洲霸主，而是想成为列强的一员，并趁机扩张国势。

所以，当中国出现统一的机会时，关东军（驻中国东北的日本军）便开始处处阻挠。为了守住从俄国夺取的殖民权利，日本支持当地的统治军阀张作霖，但当发现他不与日本合作时，便进行了暗杀行动①，于是张作霖的长子张学良便宣布服从国民政府②。而为了维护日本在中国东北的权益，关东军制造了铁路爆炸事件，并进行军事镇压。这就是所谓的"九一八事变"。发生爆炸事件（柳条湖事件）的日期是9月18日，对中国人而言，这一天是日本侵略中国战争的开始。这一年是1931年（昭和六年），如果把这一年视为开战起始年，那么直到终战的1945年（昭和二十年），这是一场长达14年的侵略战争。

"九一八事变"到底是驻派在当地的关东军不受控制的行为，还是当时中央陆军首脑授意下的国家级阴谋，如

---

①　即**皇姑屯事件**。1928年6月4日凌晨，张作霖乘坐的专列经过京奉、南满铁路交叉处的三洞桥时，火车被日本关东军预埋炸药炸毁，张作霖被炸成重伤，送回沈阳后，于当日去世。

②　即**东北易帜**。皇姑屯事件之后，1928年12月29日张学良通电全国，宣布：从即日起遵守三民主义，服从国民政府，改变旗帜（将北洋政府的"五色旗"换成国民政府的"青天白日满地红旗"）。此举标志着北伐结束，国民政府完成统一、北洋政府的正式结束。

今仍然议论纷纷。但看在外国人的眼中，两者都是日本为了自己的国家利益，擅自发动的侵略行为。国际联盟（第一次世界大战后，为了维护世界和平而成立的国际性组织）的调查团接受中国方面的报告，断定"九一八事变"是侵略行径。这一判定使日本极为不满，因此宣布脱离国际联盟，更加强势地维护其在中国东北的权益，并在当地建立伪"满洲国"，拥立清朝末代皇帝爱新觉罗·溥仪为皇帝。高举"五族协和"（指日本人、满人、汉人、蒙古人、朝鲜人等民族融合共存）、"王道乐土"等口号大旗的伪"满洲国"，其实只是日本的傀儡罢了。其形式上虽是独立的国家，实质上却与当时的台湾、朝鲜一样，沦为日本的殖民地。

殖民统治的本质

秉持"自慰史观"的人们认为，日本所做的一系列行为中，有一部分是值得赞许的，虽然也有一部分是必须受到批评的，但"就整体而言，有坏也有好"。他们辩解，与英国、法国在印度或非洲的统治比较起来，日本对殖民地的统治对当地人民更有帮助。"自慰史观"的拥趸认为，在统治殖民地这件事上，日本比欧美列强更重视人道，但"自虐史观"的支持者则从内心深处认为殖民统治本身就是错误的。

　　没错，日本的殖民统治政策里，可能确实包含着改善当地人民生活的项目。例如使用能够快速产生效益的近代化技术，改善农地、铺设铁轨、建设工厂等，这些都是事实。另外还有仿效日本本土，引入近代学校制度。当时台湾地区与朝鲜的入学率高于同期的印度，这也是事实。从这几点看来，日本对殖民地的统治或许确实是有贡献的。

　　但是，请想想吧！实施这样的政策是为了什么呢？在东京的中央政府，是因为真心考虑殖民地人民的福祉，所以将日本国民缴纳的税金，投资于殖民地的建设吗？如果这样，不是没有殖民地比较好吗？

　　真相当然不是那样。如果真是那样，抢夺殖民地的政策就会停止了吧！当然是因为开发殖民地对日本本国有利，才会这么做的。普及教育是为了培养当地近代产业的中坚力量或中间管理层，并不是为了当地的所有人。殖民统治并不是慈善事业，故意避开这一点，而试图正当化殖民政策的言论，就像小偷堂而皇之地为自己辩解。

　　（和韩国不一样）台湾有一些年长者，可能赞赏日本的“武士道”教育，但是我必须说，那是严重的误导。日本在台湾地区的学校里讲授的武士道和日本国内一样，都在教导人民要成为帝国的臣民，必须对天皇尽忠诚之心。

　　明治以后，日本在亚洲地区的所作所为，让人越了解就越感到羞愧。其实正因为知道会如此，所以“自慰史观”一派便主张“不要教给青少年那样的事情”，只要让你们看到日本历史中美好的部分就可以了。

　　但是，我大大地反对他们的这种主张！不管是多么不堪的事，只要那是事实，作为大人的我们，就有义务毫不隐瞒地让你们知道。如果你们因此（就像他们害怕的那样）而厌恶日本这个国家，那也是无可奈何的事。不过，不管你们再怎么讨厌这个国家，都无法改变你们出生在这里的事实。请正视这个事实，好好去理解周围的国家是如何看待日本的，然后再以日本人的身份，开始你们的未来。

　　人无法改变自己的出生，就像你在婴儿时期就是有蒙古斑的蒙古人种一样。或者说，就像无论你多么不愿意，都逃不了你是我的女儿的事实。这是你再不愿意也必须接受的事实。这是宿命的责任，与你个人无关。

　　如果你已无可奈何地接受身为日本人的命运了，那么今后你要如何与亚洲其他国家的朋友往来呢？你自己应该知道吧？不能将错就错地强辩"我们绝对没有做坏事"。请直视已经过去了的事实，然后以此为前提，好好地开拓未来。

　　这不是与自己无关的事，我也要这样做。

21　夏目漱石的忧郁

脑筋清醒的人

日俄战争的胜利，大大改变了日本的国际地位。在这场战争之前，即使在英国或法国眼中，俄国也是世界上最强的国家之一，所以战胜俄国之后，日本也被视为这些强国中的一员。所谓"列强"，原本指的是西方强国，而在亚洲国家中，日本是第一个被认定为列强的国家。久在西方列强压迫之下的中国、印度、土耳其等亚洲国家，将日本的胜利当作自己的胜利般感到喜悦，认为自己的国家不久后也能够像日本一样，开辟独立自主的道路。然而，如同前文所说的，日本之后的历史，可说违背了那些亚洲国家的期盼。

在此，我们先来看看日俄战争前后，日本人对这场战争的认识吧！先说夏目漱石吧。对，就是你今年国语暑假作业中的那位小说家。或许你已经不太记得了，但几年前日本的千元纸钞上的肖像，就是夏目漱石。

夏目漱石的成名作品《我是猫》，就是写于日俄战争爆发期间。这部小说描写了在明治三十八年（1905）正月，一张寄给主角公猫（小说著名的开场段落中曾提到这只猫没有名字）的饲主（苦沙弥老师）的贺年卡中，还写着"庆祝攻下旅顺"的文字。这部小说就在日本国内因为战事胜利的消息而欢欣鼓舞的氛围中创作的。或许是当时的社会气氛反映到小说上，所以整部小说充满着欢乐的气息。或者说，因为社会气氛是那样的欢乐，所以读者特别喜欢充满戏谑趣味的小说，夏目漱石因此一跃成为著名的小说家。相对地，在不景气的时代里，戏谑趣味就不受欢迎了。我的书卖得不好的原因，或许就在此吧！

不过，夏目漱石本人对于战胜之事，未必是喜悦的。继《我是猫》后，小说《少爷》也问世了，从此确立了他作为小说家的地位与名望。《少爷》的背景是他自己的青年时代，时间是清日战争之前。他在《少爷》这部小说中，以有趣的方式，批评官僚主义的校长与教务主任。但到了小说《三四郎》，夏目漱石对时代的描述变得不一样了。活跃于《三四郎》这部小说中的人物，是在其后期作品里成为主题的"高等游民"的先驱。鲁莽地迈入建设西方式近代国家的时代结束了，此时出场的人们，则以清醒的眼光审视这样仓促形成的国家。讽刺的是，这些人拥有清醒的眼光的原因在于，他们能够进入旨在建设近代国家而花费许多政府预算而建立的帝国大学就读，并在那里研究学问。或许可以说这就是"知识分子"的诞生吧！

《三四郎》的故事开始于主角为了前往东京的大学（当然是东京帝国大学）读书，在熊本搭乘列车。他与一位有夫之妇偶然同车，两人共度了一晚，却什么事也没有发生。第二天，他遇见了在日后东京的生活中与他有深厚关系的"广田老师"，同车共乘中谈了一些让三四郎完全摸不着头绪的话。

岔开一下话题。关于三四郎与广田老师的相遇，以及三四郎和"美祢子"在大学池（因为《三四郎》这部小说，它已经被叫作"三四郎池"了）相遇的情形，似乎让读者觉得并不是很合情合理。像那样"偶然的相遇"，是江户时代的戏剧（歌舞伎等）经常出现的情节，夏目漱石也应该是受此影响吧！他是会写汉诗的传统文人，文学史家们却认为他是西洋风近代小说的始祖，关于这一点，我从以前就感到不以为然。还有，将夏目漱石与森鸥外[①]并称，我也不认同。

---

① 　森鸥外（1862—1922）：日本小说家、评论家、翻译家，是19世纪初明治维新之后日本浪漫主义文学的代表人物，他与同时期的夏目漱石、芥川龙之介共称为日本近代文学的三大文豪。他曾留学德国，深受叔本华、哈特曼的影响，著有《舞女》《阿部一家》等。

"高等游民"的世界

　　回到三四郎与广田老师的相遇吧。当三四郎询问日本在日俄战争中获胜后，将会有什么样的未来时，广田老师的回答有如预言般准确。老师的回答是："毁灭吧。"

　　夏目漱石写《三四郎》时，是1908年（明治四十一年），去世时是1916年（大正五年）①。他本身的年龄与"广田老师"（这个角色的某些部分，便是以夏目漱石本人为原型）相当，并没有经历1945年（昭和二十年）的"无条件投降"。我们无从得知"广田老师"（或者说作者夏目漱石）凭着什么实感，说出"毁灭吧"这样的话，料中了40年后日本的命运。

　　他一定在日俄战争后，便模模糊糊地对日本的未来感到不安吧！关于这一点，我已经在研究夏目漱石的文章中提过了。利用书中人物之口，在小说一开始，就直觉性地说出"毁灭吧"这句话，可见夏目漱石感觉的敏锐度，不是一般人所能比拟的。

　　夏目漱石的小说越到后期，阴影越重。造成这种现象的关键词便是"高等游民"。他在小说里，直接使用了这个词汇。在《彼岸过迄》中，某一出场人物便这样描述自己：他拿自己与相当于自己的兄长并通晓世事的人物相比

---

　　①　夏目漱石生于1867年，卒于1916年。

较，自嘲什么事都不做而活着的自己，是一个"高等游民"。自《三四郎》后，活跃于夏目漱石小说中的人物的共通点，就是直到最后什么都不做的男人。虽然我用了"活跃"这个词，但若要说他小说的特征就是主角们一点也不活跃，应该也可以吧！

日俄战争之后，日本变成了大国，因此一个只依靠父辈们辛勤劳作留下的遗产便过着自由生活的阶层就此诞生。这些人接受了高等教育，但与明治前半期的不同之处在于，他们未必能凭借好学历而得到相应显耀的社会地位。不过他们在高等学校或大学里获得的西方知识及学养，让他们可以拥有以冷静的眼光观察国家与社会的能力；利用小说的虚构世界，巧妙地表达出他们的心声。夏目漱石的读者群，就是这样的高等游民，或者是即将成为高等游民的人（不管是以前的明治时期还是现在，每天辛勤工作的父亲们，应该是没有闲暇阅读小说的吧！我也是40岁以后，才重新阅读夏目漱石等人的小说。大学时虽然有暑假，但却也要在学界工作，所以和没有暑假是一样的）。

对这些高等游民而言，基于对自己将来地位的不安定感，他们怎么看得到日本会有美好的未来呢？从"佩里来航"以来，不不，如本书所指出的，从江户时代宽政年间的"教育热"开始，做学问的目的一直都是要对天下国家有所帮助。

转变的十年

夏目漱石也被当作重要作家，为了研究"文学"而前往伦敦留学。可他与其他许多御用学者们（像以后会介绍到的井上哲次郎①）不同，西方与日本的国情及文化，对他而言有着非常明显的不协调感。这种不协调感，让他在留学时期并没有成为被期待的在大学里讲授"英国文学"的学者，而是成为报社（《朝日新闻》）的特聘小说家，并且以此为生。这种情形就像江户时代通过了幕府的学问考试，最后却依靠写市井剧为生一样。不，不是"就像"，我觉得根本"就是"。

因为一世一元制的关系，明治这个年号成为当时日本历史上使用时间空前持久的年号，直到 1912 年（明治四十五年）天皇驾崩，这个年号才结束。新天皇登基，改元"大正"。在明治天皇举行丧礼的当日，乃木希典自杀了。夏目漱石深受这件事的影响，写下了《心》这部小说。《心》的世界色彩，与《我是猫》《少爷》完全不同。这部小说中的"老师"遭遇好友的背叛，因而一直生活在痛苦

---

①　**井上哲次郎**（1855—1944）：日本明治、大正、昭和时期的哲学家。精通汉学，曾留学德国，试图用西洋哲学的方法论解释以儒学为中心的东洋哲学。1891 年，撰写注释《教育敕语》的《敕语衍义》，在思想界、教育界引起较大影响。后致力于论述天皇制国家的国民道德问题。著有《伦理新说》《日本阳明学派之哲学》《日本朱子学派之哲学》等，并编纂了日本第一部哲学辞典《哲学词汇》。

之中。在受到乃木希典殉死事件的启发后，他便坚决要走上自杀之路，并以遗书的体裁，寄信给小说中第一人称的"我"。不知道一般的文学研究是怎么评价《心》的，但我一直把这部小说视为夏目漱石写给年轻一代的遗书。

当整个日本实现了加入世界一流国家之林，全国对未来充满乐观的期待时，夏目漱石却怀着毁灭的预感。1916年（大正五年），夏目漱石因为宿疾胃溃疡去世。也就是说，他以小说家的身份活跃的时间，只有从日俄战争到第一次世界大战的很短的十年。不过，我认为这十年是日本人的精神构造发生很大变化的十年。夏目漱石的小说（和同时期活跃于文坛的森鸥外小说）之所以被视为近代小说的经典而一直被阅读，就是因为他的小说表达了这个转换期的情绪（不是社会的大部分，是极少数比较敏锐之人的情绪）吧！

现在来看夏目漱石的作品，认为不是"现代文"和认为不是"古文"的意见势均力敌。对你们这些平成一代来说，他的文章或许确实让人感受到古风。然而，请不要带着偏见，还没有看就觉得会看不懂。我想只要你们愿意真正去阅读，就会发现他的文章意外的平易近人。至少与森鸥外文章的难解相比，有着天壤之别（何者为天，何者为壤，要看个人的喜好了）。我是"漱石派"，在他的肖像已经被撤下千元纸钞后，我仍然不断期待他的作品今后永远有人在阅读。

22 "人格"的流行与强调"国民文化"

"人格"的发明

在文学史上，一般认为夏目漱石是强调自我重要性的小说家。高等游民们拒绝成为高级官僚或御用学者，不愿变成政府方针下的奴隶，他们宁可选择用自己的头脑思考，自嘲地过着对国家没有直接用处、没有出息的生活。夏目漱石奉政府之命到英国留学，但比起凭借留学的成果去东大教书，他选择当一个在野的小说家（与他形成对比的是森鸥外。他在德国留学期间，一边体验《舞姬》中主角的生活，一边步上正统的升迁通道，进入陆军成为军医。所以我是"漱石派"）。

夏目漱石有一份"我的个人主义"的演讲稿。那是高中时，语文老师挑选给我们的教材，所以我是在你这个年纪时阅读那份演讲稿的。当时我完全看不懂，所以现在的你大概也无法理解吧！不过，现在我的年纪与当时的夏目漱石差不多，重新再看那份演讲稿时，我觉得很能理解当时他所说的话。我无法用适当的语言来诠释他的话，但我知道他讲的问题是："如何使用仅有一次的人生？"人更要重视的，不是为国家或社会做无私的奉献，而是带着自尊心，走自己的路。英国能够成为世界强国的根本原因，不在于拥有先进的科学技术或合理的政治制度这类表面上的东西，而是正确的根深蒂固的个人主义。夏目漱石一语道破。他留学英国，就成功地带回来这一点。

将"人格"作为personality的译词，是明治后期的事了。确定这个译词的人，可以说是井上哲次郎。他在东大学习哲学，后来被派往德国留学，是将康德、黑格尔哲学体系的学派（被称为"观念论哲学"）引入日本的人。另外，说他是东大文学部的实际创立者，一点也不为过。在日本思想史研究方面，他把江户时代的儒学分为朱子学、阳明学和古学（山鹿素行①、伊藤仁斋②、荻生徂徕三个并不相

① 山鹿素行（1622—1685）：日本江户前期的儒学家、兵法家，以"山鹿派兵学"而闻名于世。他贬斥中国汉、唐、宋、明诸儒的学说，认为孔子逝世后圣人的道统到宋朝就已经泯灭，断言朱子学是异端，提倡直接研读孔子的经书，以求圣教。他从古学的观点出发，追溯了日本皇统的起源，提出理想的政治早在古代日本完美地实现，日本才是世界的中心。他的军事学说由吉田松阴继承，对幕末志士有一定影响。

② 伊藤仁斋（1627—1705）：日本江户前期的唯物主义〔接下页〕

同的学派的总称）三派，直到现在教科书还沿用这样的分类法。

　　"人格"这个词，是大正时代的流行语。夏目漱石笔下的高等游民们，是按照自我意识行动的（与幕末志士不同，并不是为了天下国家而积极行动），这是重视人格的表现。历史上被视为有人格的人物，不是被作为忠君爱国象征的楠木正成①或赤穗浪士，而是敢于对抗政治权力、被极力称赞的宗教家。这些宗教家集中在镰仓时代（这是值得特别研究的课题，但在此要先略过，请参考前作中《锄之章》的介绍）。其中亲鸾、道元、日莲②等三人尤其引人注意，他们各自开创宗派，并且被偶像化了。

〔接上页〕哲学家，古学派之一的古义学派（又称堀川学派）的创立者。他认为宋儒已经背离孔子与孟子的思想，于是摈弃朱子学，独尊孔、孟，主张恢复儒家经典的古义，十分重视《论语》《孟子》两书。

　　①　楠木正成（约1294—1336）：镰仓幕府末期至南北朝时期的名将。在足利尊氏与后醍醐天皇的南北朝对立时，效忠后醍醐天皇的南朝，并战死于凑川之战。他与真田信繁（真田幸村）、源义经并称日本史中三大"末代"悲剧英雄。江户时代因水户学的尊皇思想盛行，开始被视为忠臣。明治时期，因"南朝正统论"的确立及皇国史观的影响，楠木被视为忠臣的典范。详情参见小岛毅前作《东大爸爸写给我的日本史》之《锄之章6：从南北朝到室町的石蕊试纸》。

　　②　亲鸾（1173—1263）为净土真宗之祖，提倡念佛法门，公开食肉娶妻，向世人强调，佛的拯救不分在家、出家，所有人都能以其原本的面貌得到拯救；道元（1200—1253）为日本曹洞宗始祖，提出"只管打坐"的修行法门，强调坐禅时要做到"身心脱落"，以达到悟的境界；日莲（1222—1282）为日莲宗（法华宗）始祖，确立唱念《南无妙法莲华经》的修行。

和辻哲郎对道元的认识

这里就拿道元来说吧！道元出身上流遗族，信仰禅宗，曾与师父一起去过中国（宋朝），并带回曹洞宗——一个与日本人原本熟悉的禅宗流派（临济宗）截然不同的新流派。曹洞宗在江户初期时，取代了被视为危险思想的一向宗（即以亲鸾为开宗祖师的净土真宗），受到幕府与大名的保护，寺院的数量因此大幅增加。从这一点来看，曹洞宗绝对不是反权力的固执宗派。然而到了大正时代，突然兴起一股风气，认为道元是与政治保持距离的宗教人物，是令人非常赞赏的优秀宗教家。

掀起这股风气的人就是和辻哲郎（1889—1960）。和辻哲郎是在东大研究伦理学的学者，先后在京都帝大与东京帝大任教。他早期的中篇论文《沙门道元》（写于1920—1923年之间），后来收录在《日本精神史研究》（岩波书店，1926年）中，被广泛阅读。文章中频频出现"人格"一词：

在这里的是从人格到人格的直接熏陶。道元本身的修行，主要就是引导人格力量的东西，他所倡导的修行法，也依赖人格的力量。佛祖言行的最深奥义，并非依靠固定的概念来传授，而是要通过鲜活的人格力量。人无法从知识取得的东西，就必须从人格直接

传承。所以，修行者必须学习由师父的人格具体化的
传统。

在这不到200字的段落中，就使用了7次"人格"。当
然我是特意引用出现这个词特别多的段落，不过，若要明
白为何和辻哲郎对道元的独创性有很高的评价，就要理解
为什么会以"人格"作为关键词吧。要尊重的不是"固定
的概念"或"知识"，而是"人格的力量"。这就是和辻哲
郎解释的道元思想的奥义，并且指出此思想的重要性。

关于这种对道元思想的理解，近年来好像颇有争议。
和辻对道元的解读，确实带有大正时代的偏见，不过一旦
明白这种观点有所偏颇，那么我们就能了解大正时代的特
性了。和辻哲郎理解的道元，有别于出生于13世纪的道元，
他以流行于大正时代的"人格"作为关键词，构筑出新的
道元的形象。

和辻与津田的争论擂台

和辻哲郎的《古寺巡礼》也颇为著名。这本书出版后，
奈良和飞鸟地区到处可见拿着该书的年轻游客。读小学以
后，我脑中对飞鸟文化的美好印象，大都沿袭自和辻哲郎
在这本书中所强调的内容。

　　学术上对飞鸟文化的重视，始于明治时代东大的特聘外国人芬诺洛萨①。芬诺洛萨和他的学生冈仓天心②一起去拜访法隆寺③，调查近两百年来连寺院内的僧侣也未曾亲眼看见的、被视为"秘佛"的梦殿观音（救世观音）。芬诺洛萨在对7世纪初的圣德太子时代日本就有那么优秀的佛教艺术大感赞叹之余，也为梦殿观音做了极大的宣传。那是有别于从平安时代到江户时代日本人的传统感知，芬诺洛萨以近代西方人的观点出发，对日本美术给予了全新的评价。他的这些观点，通过和辻哲郎等后代日本人的传

---

　　①　**芬诺洛萨**（Ernest Francisco Fenollosa，1853—1908）：美国东方学家、东洋美术史家、哲学家，是日本美术与艺术复兴的倡导者。1878年受聘于东京大学。他在京都、奈良进行考察时，从佛像雕塑发掘日本美术的活力，后积极支持日本传统绘画，如狩野派等。他发展了具有独特体系的日本美术理论，并与学生冈仓天心积极拯救日本的艺术品和传统文化。

　　②　**冈仓天心**（1863—1913）：日本明治时期著名的美术评论家、美术教育家、思想家。东京帝国大学首届学生，在校期间成为芬诺洛萨的助手，致力于拯救日本的艺术品和日本文化。他是日本近代文明启蒙期最重要的人物之一，在福泽谕吉认为日本应该"脱亚入欧"之时，而他则提倡"现在正是东方的精神观念深入西方的时候"，强调亚洲价值观应该对世界进步有所贡献。

　　③　**法隆寺**：位于日本奈良生驹郡斑鸠町，是圣德太子于飞鸟时代建造的佛教木结构寺庙。法隆寺分为东西两院，西院保存了金堂、五重塔；东院建有梦殿等，西院伽蓝是世界上最古老的木构建筑群。法隆寺建筑物群和法起寺共同在1993年以"法隆寺地域的佛教建筑物"的名义被收录于世界文化遗产名录。寺内保存有自飞鸟时代以来的各种建筑及文物珍宝，被指定为国宝及重要文化财产的文物约190类，合计2300余件。

承，已经在日本扎根，其影响直至今日。那是"飞鸟佛像
是接近古代希腊雕刻（所以非常优秀）"的奇怪评价。

以森鸥外与夏目漱石为代表的活跃于明治时代的文化
人，其内心还深怀江户时代末期的感性。他们都拥有较高
的汉学（儒学）素养，并且以汉学的观点去咀嚼、接受西
方文化。不过，和辻哲郎是在明治时代后期的大学中学习
的，他以当时学到的西方学问作为自己的基础学养，其对
飞鸟佛的赞叹，无非是将芬诺洛萨的观点现学现卖罢了。
若是森鸥外或夏目漱石，他们的理解一定会有所不同，而
以冷静且讽刺的态度看待芬诺洛萨的评价吧！

前面我也提到过的津田左右吉（1873—1961）与和辻
哲郎是同时代的学者，他对飞鸟文化的评价与和辻是对立
的。请参照和辻著作《日本精神史研究》中的《白凤天平
的雕刻与〈万叶〉的短歌》。他们二人的观点差异在于"日
本人"或者说"国民"这个概念的内涵。津田认为，飞鸟
文化是自中国输入的文化，对其评价并不高；但和辻则认
为，那就是当时的日本文化。

不过，他们都认为，能够成为"国民文化"的东西，
绝对都是好的、最理想的。在这一点上，他们站在同一阵
线。但为什么就不能套用在东亚大陆文化①上呢？有没有
这样自问过呢？

---

①　**东亚大陆文化**：指亚洲大陆，尤其是中国的文化。

津田在其所著的《文学中表现的我国国民思想之研究》中批评和辻的观点，并积极地陈述大陆文化与日本国民文化的不同。和辻在《沙门道元》的结尾曾写道，道元的思想并不是中国流行思想的直接输入。江户时代后期萌芽的"日本非唐土"意识，在经历了将西方文明内化入骨髓的大正时代后，已成为强有力的宣言。

23 大正民主与"常民"的发现

"天皇机关说"与"政党内阁论"

1912年7月，明治天皇驾崩，皇太子践祚，改元"大正"，前后持续约45年的明治时代结束了。这一年，在东大法学部担任宪法学教授的美浓部达吉出版了《宪法讲话》，这是解释《大日本帝国宪法》的书籍，之前已有宪法起草者之一伊藤博文所写的《宪法义解》。美浓部的这本书采取的观点与伊藤稍微不同，其中最著名的主张便是（教科书上也有的）"天皇机关说"与"政党内阁论"。

所谓的"天皇机关说"[①]，意思是天皇是日本这个国

---

① **"天皇机关说"**：主要提倡者为美浓部达吉。该学说认为，统治权归属于国家法人，日本天皇只是宪法下的最高统治机构。统治权是属于国家的权力，既非君主个人（天皇）也非国民的。1935〔接下页〕

家中的一个机关，而这个机关并不能恣意支配或统治日本。这样的说明很难理解吧？所以他的说明被反对者误解，不久后他就受到政治迫害。老实说，我也没有可以完全理解的自信啊（我不是法学部的，而是文学部的）。好像是被骗了呀！可是，作为从大正时代到昭和初期政府公认的学说，他的说法确实起了一定的作用，也达到支持政党政治的效果。而且他的说法之所以被批判，也只是因为他指出了日本军国主义化的现象。

至于"政党内阁论"则是以"天皇机关说"为基础，负责实际政治运作的内阁由议会的多数党组成，并实施他们的政策。宪法虽然规定天皇可以自由任命总理大臣（此一任命被称为"大命降下"），但其实是考虑众院的议员资格后所提出的人选，比较接近现在宪法规定的议院内阁制（众院选出并指定内阁总理大臣，天皇只是形式上的任命），可见大正时代可能已经实现政党政治了。

就在那一年年底，西园寺公望的内阁因为陆军的抗议而垮台，长州阀①的桂太郎再次获得"大命降下"。然而，众院议员犬养毅等人发起宪政拥护运动，成功地打倒了桂

〔接上页〕年发生"天皇机关说事件"，主张"天皇机关说"的学者受到了日本军方的压迫。

　　①　**长州阀**：指幕末长州藩出身的政军派系。明治及大正年间，政府及军方要职多由幕末西南雄藩（萨摩藩、长州藩、土佐藩、肥前藩）出身者垄断，因此被称为"藩阀"。

内阁。东大教授吉野作造[①]提出民本主义的主张，而这个主张与美浓部的学说一样，都在《大日本帝国宪法》的范围内，显示出事实上民主主义是可能被实践的。

1916年（大正五年），长州阀的军人寺内正毅接受元老[②]的组阁意见，实行无视政党派系的政策。但到了1918年（大正七年），寺内内阁因干涉俄国革命而出兵西伯利亚，又加上市场投机造成米价高涨，民众在心生不满的情况下，爆发抢夺粮食的"米骚动"[③]，寺内辞职下台。元老们为

---

① **吉野作造（1878—1933）**：日本大正时代活跃的政治学者、思想家、明治文化研究家。大正民主运动的发起人。他对内主张民本主义，提倡建立在言论自由和普选上的政党政治；对外批评帝国主义侵略政策。

② **元老**：第二次世界大战前日本处于半隐退状态的资深政治家，是政府的最高首脑。《大日本帝国宪法》没有关于元老的明文规定，属于宪法外机关。元老共有伊藤博文、黑田清隆、山县有朋、松方正义、井上馨、西乡从道、大山岩、桂太郎、西园寺公望九人。除西园寺公望出身公家外，其余均来自萨摩或长州地区，是通过参与明治维新而兴起的藩阀势力的代表。1889年11月1日，伊藤和黑田被赐予"元勋优遇"特权，并奉诏"匡辅大政"，标志着元老政治的开端。1940年12月24日，最后一位元老西园寺公望辞世，标志着元老政治退出日本政治舞台。

③ **米骚动**：第一次世界大战后，因战争的影响，日本进口外国粮食的数量降低，且许多农村人口流往都市，造成粮食生产量减少而消费量增加，因此米价随着物价攀升而逐渐上涨，至1918年时达到最高峰。但当时政府法定收购价与居高不下的市场价格之间有巨大的差距，地主及米商也通过投机市场操控米价，造成农民对政府及米商极度不满。此时政府又出兵西伯利亚，因军粮需求而收购市面上的大米，更使得米价大幅上扬，造成严重的通货膨胀。1918年7月23日，富山县鱼津附近的小渔村中开始出现暴动、罢工，并与政府警察机关爆发武装冲突。到8月时，骚动已波及全国。

了收拾残局，便"大命降下"予议会多数党的立宪政友会总裁原敬①，这才终于诞生了真正的政党内阁。

就这样，议会在与藩阀、军部抗争中，力量逐渐强大，迎来了被称为"大正民主"的时期。当时第一次世界大战带来了有利的外部环境，加上工业发展、城乡都市化的带动，劳动者及工薪阶级大增，而以这些人为对象的大众文化也开始欣欣向荣。

柳田国男的民俗学

知道《椰子的果实》这首歌吗？就是唱着"一颗从不知名的远方岛屿飘来的椰子"的那首歌。作词者是柳田国男。他在爱知县的海岸发现了被认为是南方特产的椰子，便把这件事告诉朋友岛崎藤村。柳田国男原本是颇有前途的公务员，但后来立志研究一般民众（柳田称其为"常民"）的生活与文化，便开拓了民俗学这个学科领域。

以前的历史研究（现在某一部分也是）总是以政治家

① 　原敬（1856—1921）：第19任日本首相（1918年9月29日—1921年11月4日）。他打破了明治维新以来的萨长藩阀政治，成为日本第一位平民出身的首相，组织了日本第一届的政党内阁。对内推行温和的民主改革，确立政党政治，同时加强国防；对外奉行友好和平外资原则。1921年被右翼分子刺杀。

或艺术家为对象，但柳田国男却以一般人认为不值得一提的普通民众为对象，致力于了解普通民众如何生活、如何感受、如何思考。因为从前没有这方面的研究书籍和资料，所以他便采访民间人士，边搜集口传的民间故事边做整理，试图发现文字世界以外的文化形态。与贸然地以富国强兵为目标的明治时代不同，这可说是有着深思熟虑气氛的大正时代的研究手法吧！他就以这样的方法介绍自古流传下来的亘古不变的信仰与习俗，告诉那些因为近代化而开始迷失的日本人："什么才是日本人原有的面貌"。

柳田国男建立的民俗学，现在被批评是非历史性的，而且是充满日本一国主义性格的民俗学。也就是说，他所说的自古流传下来的东西，追根究底不过来自江户时代后期及其之后，根本没有与亚洲其他地区形成比较，太轻易地强调日本的独特性及一体性等。我完全同意上述批判。不过，柳田国男在这个时期就注意到"常民"，并且试着以此重新思考"日本"的态度，我认为即使是现在，也是应该被尊重的。

这是为什么呢？因为就像柳田国男的民俗学所描述的，"常民"未必是按照合理性或科学性的判断而生活的。我每次阅读以批判的角度回顾近代日本的文字时——尤其是侵华战争的过程时，总觉得因缺少什么而感到不满足。这大概是因为作者们是先建立了以下前提，才展开叙述的。这前提便是："由于明治的文明开化，日本人学习了西方

的合理性思考与科学思想。通过学校教育，这样的思考与
思想在大正时代渗透到广大的庶民阶层。然而，在军部的
主导下，人们相信政府鼓吹的皇国史观及神国思想，因而
协助了愚蠢的战争"。然而我的想法是，做出这样判断的人，
是不知道何谓"常民"的人。

超越合理性的"常民"世界

正如柳田国男的记录，虽然已经到了大正时代，农村
里仍然流传着与学校里教导的合理、科学的世界截然不同
的古老传说。在民主的波涛已经蔓延至全日本的时代，人
们仍然觉得祖先或妖怪、狐狸、河童们仍然住在自己生活
的村子周围。不只农村如此，都市传说、占卜或诅咒等（虽
然不在柳田的研究范围内），也仍然是大正时期都市居民
生活的一部分。

很奇怪的是，日本史的教科书一写到近代，有关这部
分的描述就消失了。然而，人们对宗教信仰的热情，是绝
对不会消失的，而且宗教的影响力也一直存在着。明治以
后出现的宗教被称为新兴宗教，那些教团拥有众多信徒，
其中一部分成为特定政党的母体，拥有社会性的力量。不
论以美浓部达吉、吉野作造为代表的东大教授们提出了如
何高尚的法学说、政治学说，能够在日常生活中牵动"常

民"们的心的，都不是从西方传来的近代思想。描述近代以前的历史时，宗教（佛教、神道教或天主教，也包含江户时代后期开始普及的儒教）的影响力总是被明确地叙述着，但为什么到了近代，宗教的力量好像被忽视了。这就是为何我虽不是近代史的专家，却要写这本书的理由之一。

不好好了解近代日本常民们的思想与行动，就不能理解日本为什么会走上现在这样的道路吧？因此，我在这里反复地使用柳田的用语"常民"，因为以这个用语来表达"人民"或"大众"时，会含有其他的意思。记录人民的历史或大众运动的书籍以前就有很多，但是那不过是从合理主义和科学精神的立场出发，说明"人民""大众"的行动。"由于当权者残酷的压迫而寻找合适的领导者，让自己重新振作起来，以获得自身的解放"——那些书籍认为"人民"或"大众"这些词含有这种微妙的意味。我不能接受这样的见解。因为所谓的一般人，并不是指这样了不起的人吧？

我认为侵华战争的发生，即使是一般人也是有责任的。

24 "吉野朝"与国家神道

南朝正统论

你知道14世纪时天皇谱系曾经一分为二吗？如我在前作里叙述的，那两边都各自认为自己才是正统的天皇，于是各自建立了朝廷。那就是所谓的南北朝时代①。

---

① **南北朝时代（1336—1392）**：镰仓幕府末期，流亡的后醍醐天皇在足利尊氏等人的支持下，于1333年推翻镰仓幕府，并实行王政复古，进行"建武新政"。对新政不满的足利尊氏，于1336年逼迫后醍醐天皇退位，改立光明天皇。光明天皇册封其为"征夷大将军"，室町幕府建立，此为北朝之始。后醍醐天皇则持着天皇象征的三神器，逃往吉野，是为南朝。南北朝间经历多次战争，南朝势力渐衰。1392年，南朝的后龟山天皇将三神器交予北朝的后小松天皇，南北朝时代至此结束。详情参见小岛毅前作《东大爸爸写给我的日本史》之《剑之章Q：对南北朝的看法》《锄之章6：从南北朝到室町的石蕊试纸》。

不过，那时真正具有压倒性优势的是北朝（京都的朝廷），而奈良县吉野山中的南朝，只是一种形式上的存在（我为了论文的资料而调查访问吉野，并在当地写下这章文稿。刚才还看得到美丽的银河，但是现在已是黎明将至，寺院的钟声敲响六次，告知已是"上午六刻"［明け六つ］。这里仍然使用不定时法来报时）。南北朝时代持续了60年，最后由于顾虑南朝天皇的面子，举行了将三神器转交予北朝天皇的仪式，才结束了南北分裂的局面。

我在前作强调过，自江户时代起，新的历史观开始逐渐发展，即"南朝的天皇是真的，北朝是假的"的说法。促成明治维新的核心成员，都是这个历史观的信奉者，而"常民"们则通过戏剧与文艺作品，也有了这样的认识。明治天皇是北朝一脉的子孙。在这个历史事件中，北朝的天皇在接受了三神器后，成为真正的天皇，因此地位不会有所动摇。

但是问题来了，历史课堂上要怎么说明这一段历史呢？这是明治后期才出现的问题，明治初期并没有这个顾虑。我已经在本书中介绍过，东京大学一类的学校进行的是实证性历史研究，南北朝并存已被认为是一种事实，但并不采用"只要一边是真的，另一边就是假的"的观点，而是以"南北朝并立"来呈现那个时代的状况。于是，专业的历史学者也采用这样的观点来编撰小学的国定教科书。

国定教科书的偏颇问题

1904年（明治三十七年），由于国定教科书的推广，全国各地的小学生开始接受相同课程。在此之前，教科书皆由民间的出版社刊行。但问题也随之出现。执笔日本历史的人，是一位名为喜田贞吉的学者，不同于民间教科书的"南朝正统论"，他提出了"南北朝并立"的观点。"人民大众"对此感到非常高兴，因为能了解到天皇并非宪法所说的万世一系，了解到与《教育敕语》的宣告相反、南北朝两位天皇之下各有对其尽忠的臣民的真相，以及了解到天皇家的真正历史（好吧，这段文字是我的讽刺）。

不，不，他们并不觉得喜悦。首先，某位小学教师就对此反应激烈，认为这是有损国体尊严的妄语。接下来报纸发表了专题讨论，帝国议会的在野党也群起攻击，这个事件瞬间成为批评政府的极佳话题。插一句，政府方面未必是民主的，而在野党也未必是反动的。前面我介绍过的犬养毅是在野党的中心人物。也就是说，在野党代表民意，指责长州阀桂内阁的教科书偏颇问题。

对"常民"们而言，南北朝并立是难以理解的，那种难以理解的程度，或许与"天皇机关说"差不多。"南北朝并立论"认为，这时期"同时有两个天皇陛下，一个在吉野，一个在京都"。但是，平日通过书籍或戏剧，或经由以前的历史教科书与神社的活动，"南朝正统论"已经在"常民"们心中根深蒂固，所以他们对孩子们在学校接受的"南北朝并立论"的教育感到非常惊讶，认为"在京都的应该不是真正的天皇吧"。

结果政府只好修订教科书，喜田贞吉离开文部省以示负责，明治天皇则接受桂内阁和枢密院的意见，正式奉南朝为正统。之后，教科书上不再以"南北朝时代"称呼这一时期，而改以"吉野朝时代"称之。一般认为这样就比较容易理解当时的历史。

可是，为什么正统的"吉野朝"要屈服于伪天皇与伪天皇政府（室町幕府）之下呢？教科书里可没有说明这一点，而常民们也没有要求政府解释。为什么他们就不想拥有合理的、科学的思考呢？

我认为这是一种宗教。不论"南北朝并立"是历史事实、客观真相，或者最初政府的国定教科书是否应该告诉小学生这件事，我觉得人们就是要为这件事加上盖子。

创造国家神道

在此，我们回溯一下过去，想一想国家神道的背景是什么吧！我想我们可以从两个方向来看明治维新以后，政府和常民是如何协力完成对天皇信仰的塑造的。

其一，建造奉祀天皇的神宫，即橿原神宫、近江神宫、平安神宫、吉野神宫，分别用于奉祀神武天皇、天智天皇、桓武天皇、后醍醐天皇。这些神宫都是明治时期创建的新神社①。在橿原即位的初代天皇神武天皇、推动大化改新的天智天皇、迁都平安京的桓武天皇、实践建武中兴的后醍醐天皇，都是日本历史上功绩卓著的天皇。为了颂扬这四位天皇的成就，便在他们选为首都的地方建造神社。这些神社有别于普通的神社，与伊势神宫②一样被冠上"神宫"之名。而后的大正时代又在东京新建了明治神宫，用以歌颂明治天皇建立近代日本的功勋。

在明治政府的国策下而兴建的神道设施，"二战"后称为"国家神道"。这个名称包含着"国家神道与民众自古以来信仰的宗教不同，是以掌权者的想法为意志而设计的宗教"之意。我觉得这是一个正确的分析。

一般认为，庶民也就是所谓的常民们，并没有主观参与国家神道的创立，我对此感到不以为然。虽然这不是我切实研究之后的成果，但是我认为，很多以地方人士为首的民众，

---

① 位于滋贺县大津市的近江神宫其实是1940年（昭和十五年）创建的，作者误记为明治时期。橿原神宫位于奈良县橿原市，于1890年（明治二十三年）创建；平安神宫位于京都市，于1895年（明治二十八年）创建；吉野神宫位于奈良县吉野郡，于1892年（明治二十五年）创建。

② **伊势神宫**：位于日本三重县伊势市，是祭祀日本神话中天照大神的国家神社，日本神道教最神圣古老的神道场所。至今仍保存着象征日本皇权三神器之一的八咫镜。

积极地参与协助橿原神宫、近江神宫、平安神宫或是吉野神宫的创建。他们以自己相信的"日本历史"为基础，打从心底欢迎这些神宫的建造。神武天皇、天智天皇、桓武天皇及后醍醐天皇被神格化，绝对不是单方面可以做到的，是政府与普通民众像共犯一样，一起成就的。

另外一个重点是古代皇族的英雄化。日本武尊、神功皇后、圣德太子这三人，便是其中的典型代表吧！[1]日本武尊是平定国土有功的武将，神功皇后在三韩征伐上有大功，而圣德太子在制定宪法等文治方面，也有很大的贡献。包含被称为"圣德太子"的厩户王，这三个人被传颂的功绩并非历史事实，但明治时代的人们通过江户时代流传下来的传说与明治学校的教育，深信这三人是对开创日本大有功劳的人。与欧洲诸国将国君或元首的肖像印在钱币上不同，明治政府忌讳把天皇的肖像在纸币上使用，所以这三人就代替天皇，成为"钞票上的面孔"。

神功皇后对韩国而言是侵略者，但是明治时代的人们并不这么想，而是把她视为发扬国威至海外的先驱者，她的神社建在九州岛，已经成为人们的信仰对象了。

日本武尊是促成日本国内统一的人物，如果站在南九州岛或关东地区居民的立场，日本武尊应该是一位侵略者，但这里却发生了倒错，他成为被侵略的土地上的信仰对象，

---

① 此三人的事迹，详见《东大爸爸写给我的日本史》之《心之章》。

被视为是"让我们的地方成为天皇陛下领地的功劳者"。这些都不是政府施加压力并强行要求民众认同的信仰。我已说过许多次，江户时代以来，"日本自古以来一直是统一的整体"的想法，也可以称为一种信仰，成为日本这片土地上被奉祀的"神"。到了明治时代，日本武尊更被视为是历史英雄。

关于圣德太子的信仰，我已经在前作中详细叙述过，这里我再说明一点。明治维新以前，圣德太子以佛教守护者的身份，成为受到民众爱戴的历史偶像。到了明治时期，他派出遣隋使和制定"十七条宪法"与"冠位十二阶"的政策，也受到肯定；再加上曾与中国竞争，宣扬日本国威，所以他被认定为巩固日本国制基础的人。

通过国家神道将天皇与皇族转化为神明，这确实让"帝国臣民"的忠诚之心更加坚定了。但若是把"帝国臣民"的忠诚之心更加坚定一事，都视为政府单方面的强迫，我认为这样恐怕无法看清事情的全部。这不是（类似于柳田国男的）"日本自古以来的信仰"这样非历史性的解释，而是因为"常民"具有能够进一步接受国家神道的精神构造的潜力，那是从江户时代后期开始培养的，经过历史塑造而成的精神结构，这一点有必要好好地分析。从国家神道开始，到第二次世界大战，我觉得我们很快能从这里看到我们即将面对的问题的根本。这就是本书不从佩里来航，而要从宽政改革开始说起的原因。

25 从大正到昭和

从繁荣到不景气

不论在战败国或战胜国的土地上，第一次世界大战都留下了巨大的伤痕。尤其是俄国对德国的战争，因为军事上处于劣势，所以俄国在战争期间国内就爆发了很大的变动，最后终于在1917年历经两次革命，诞生了社会主义国家——苏维埃联邦（简称苏联）。

苏联的出现也影响了日本。与其他列强诸国站在同一阵线，日本政府为了击垮苏联的革命政府，做出了干涉内政的决定，出兵西伯利亚以支持反革命的势力。苏联政府也积极地从旁辅助日本国内的共产主义力量的发展，促使其信仰者大量增加。1922年（大正十一年），日本共产党成立了。

伴随着工业化的脚步，劳工问题随即出现。进入大正时代，社会主义思想在日本生根了。之前岩仓使团出国考察时，在英国或法国遇到的状况，也在日本发生了。1920年（大正九年），日本第一次庆祝了"五一劳动节"。现在的这一天好像只是日本假期之间的风景之一，但劳动节是社会主义国家的重要节日，是劳工们要求自己权利的日子。

第一次世界大战是在一片繁荣时爆发，但"一战"后，世界便陷入不景气之中。政党因为金钱而腐败，1921年（大正十年），当时的总理原敬因此而被愤怒的青年刺杀了。大正天皇体弱多病，由裕仁皇太子（之后的昭和天皇）以摄政宫的身份代理政务。1923年（大正十二年），摄政的皇太子在皇居附近的虎门，被恐怖分子袭击。

关东大地震也发生于1923年。这一年的9月1日，帝都东京垮了。地震引起了建筑物坍塌与火灾，死亡人数超过10万人。不知"朝鲜人在井里下毒"的传言最早是从哪里出现，但传开后许多朝鲜人与中国人便因此遭到杀害。人们陷入恐慌时会失去理智，还可能做出疯狂的举动；只要阅读史书，就不难发现这样的例子并不少见，而且古往今来世界各国都发生过。但是，那时以"朝鲜人"为怀疑对象，是因为日本人的内心一直住着某种对他们形象的想象。我希望你千万不要忘记这一点。欺负别人的时候，被欺负者通常是自己身边的弱者，而且是和自己非常相似的人，在那样的人身上寻求发泄。欺负朝鲜人的行为并非发自军部或财阀，而大都来自"常民"。本书没有详述这一点的机会，但我觉得这与所谓的"被差别部落"（被歧视部落）①是有着相同根源的问题。

这个时代与日俄战争前夕的步调并不相同。1924年（大正十三年），宪政拥护运动再现，总理大臣加藤高明组建了"护宪三派"联合内阁②。请特别注意议员们为了对抗官僚，高举"护宪"大旗的行为。"护宪"的理论支柱是美浓部达吉与吉野作造的学说，但他们的学说是想借助遵守《大日本帝国宪法》，以推行议会政治。在野的社会主义势力当然也参与了这一次运动。

开始恐慌的昭和时代

加藤内阁在1925年（大正十四年）制定了《普通选

---

①　**被差别部落**：日本中世至近世时期，一些因地域或从事不洁工作者，例如殡仪业者、屠夫、处理皮革者、乞丐等，被称为"秽多"或"非人"，传统上居住在对外隔绝的村庄，且此贱民身分世代继承，也无法与平民通婚。1871年，明治政府废除封建身份制度，公布了针对秽多非人的解放令，声明从此他们的身分、职业、婚姻等皆与平民无异。社会上将这些原是贱民阶层的人称为"部落民"。社会对他们的歧视仍然存在，因此出现了"被差别（歧视）部落"的用语。

②　**"护宪三派"联合内阁**：1924年日本举行议会选举，由宪政会、政友会、革新俱乐部联合组成"护宪三派"提出打倒特权贵族内阁，实行普选权，改造贵族院、改革财政和行政等政策，得到广泛的支持，在选举中获胜。由宪政会总裁加藤高明组成了"护宪三派"联合内阁，这标志着政党内阁时期的正式开始。

举法》和《治安维持法》，你知道吧？虽然说是《普通选举法》，但与现在不同，当时的女性并没有参政权；《治安维持法》最初则是为了取缔共产主义者的革命运动而创设的。而1926年年底，大正天皇驾崩，"昭和"时代开启。

昭和初期的日本笼罩在沉重的气氛之中。1927年（昭和二年）爆发了金融恐慌；1930年（昭和五年），前一年的世界经济大萧条风暴也重创了日本；1931年（昭和六年），由于农作大歉收而引发的农业恐慌演变成日本北部严重的社会问题。当这些问题出现时，不论哪个政党都没能及时提出有效的应对之策，政府因此大失民心，军部取而代之成为众望所归。

与英国或法国的市民革命不同，明治维新的性质属于军人革命；明治维新不是被称为"市民"的阶层推动的，而是诸藩的少壮武士们努力促成的，因此"尚武"也成为明治时代的国家大计。因为国家要走近代国家之路，同时必须平息士族们的不满情绪，政府便推行征兵制。通过征召农民与普通市民入伍，以打破武士阶级垄断军事的局面。然而，在前述的"武士道"观念下，农民和市井出身的士兵们，也被要求"行为举止要像一名武士"。这个要求来自《军人敕谕》[1]。

即使在宪法中，军队的地位也是特殊的。因为军队中

---

① 《军人敕谕》：1882年由明治天皇颁布的对军人的训令。其颁布标志着以儒学理念为核心的传统武士道精神的新发展，武士阶级的生活方式开始成为日本全体国民的理想。

的核心人物大多是萨长出身，于是议会的多数党便采取防范藩阀的策略，以此筑起控制军队力量的防波堤。陆军大臣、海军大臣的任免不能只由总理大臣决定，还必须征得各省的同意，如果其中一省反对二者的人事决定，内阁就必须解散。因为军队不是国民军，而是天皇的军队（皇军），所以并不接受议会的掣肘。

作为天皇的军队，戊辰战争以来的历史，可以说就是皇军的历史。前文说过的，军人能否入祀神社的基准，就在于是否在天皇的旗帜下作战。即使从殖民统治下的台湾或朝鲜强征的士兵，（形式上）受到的待遇与从日本本土征募的士兵一样，战死者也可以入祀神社（就这一点来说，神社并不是"日本国民的神社"）。皇军自戊辰战争以来的不败纪录，是推动大日本帝国繁荣的原动力，因此他们拥有的特权就越来越多。

军人是愚蠢的吗？

因为军队备受重视，所以在军人也受到厚待。尽管军队被萨长藩阀钳制，但在人事处理上仍是比较公正的。与其他省厅或一般企业相比，或许是相当公正的。因此，来自戊辰战争中"朝敌"地区的优秀青年们，也以进入士官学校为目标。士官学校的毕业生与帝国大学的毕业生一样受到重视，甚至可以说，前者更受重视。从士官升为将校，成为青年精英们向往的人生目标，他们也被上流社会的女子视为重要的择偶对象。军人是评价极高的职业。

自古以来不论东西方，能得到金钱、名誉与淑女的位置，就是男人们无情争夺的焦点，于是大日本帝国的有为青年大都集中到了军部。军部也在大量招揽优秀人才的情况下，发展得更加顺利。在政党及财阀都十分腐败的社会里，军部内却集中了许多愿意拒绝私利私欲、胸怀忧国情操、具有担当国难气概的人才。除了军部外，内务省中也有一批被称为"革新官僚"的少壮人士。他们得到了极高的社会评价，同时待遇优渥。

我认为军部并不是司马辽太郎所批评的"愚蠢集团"。相反地，我认为他们是太聪明了。他们与幕末志士不同，缺少在身份制度下被培养出的饥渴精神，他们只是单纯的优等生，带着优等生特有的弱点：未经世故，没有深入体会人世间的酸甜苦辣。因此，他们认为推行国家政策的政界与财界是污秽的，是必须被轻视的。因为"武士道精神"的教育在他们体内扎根，他们无法假装看不见民众的痛苦。于是他们向发动清日战争及日俄战争而获得成功的前辈们学习，发动了侵略海外的战争。

《论语》里有一句形容人很聪明的话，叫作"闻一知十"①。

---

① 语出《论语·公冶长》："赐也何敢望回？回也闻一以知十，赐也闻一以知二。"

我读高中时，某位老师模仿这句话，并且改编成"闻一知十而忘百"。大日本帝国军部的问题，或许就是"闻一知十而忘百"吧！

26　思考军部抬头的问题

无法区别的战争

从长州藩攻击京都的禁门之变（1864年）到日俄开战（1904年），正好四十年。从《朴茨茅斯条约》签订（1905年）到接受《波茨坦公告》（1945年），也正好四十年。按照司马辽太郎的见解，前半期是日本青年时代的好时代，后半期则是军部暴走而造成国家破裂的坏时代。不仅司马有这种想法，很多人也认为前半期日本的对外战争并非存有恶意，甚至可以说，这种历史认知广泛且深入地为民众所接受。

然而，我认为这八十年的所作所为应当被视为一贯而持续的。将某一时期的战争视为是统一日本的自卫战争，而另一时期则是对外侵略战争，我以为这样割裂的做法不过是从现在的观点进行政治性评价。以完整的"日本"作为前提时，一统纷乱的内部是正确的，但由内部越出至外部的行为，则为侵略。我认为在这种前提下将日本固定化而得出的观点，是一种历史性的错误。

把时间退回到400年前，想想丰臣秀吉吧！他承继了织田信长一统天下的政策，在1590年（天正十八年）打败小田原的北条氏，统一了日本。一般都会将这样统一日本的战争，视为正确的战争。然而，攻下小田原后，他立刻展开"入唐"的计划，准备派兵攻打中国（明朝）。为此，他向朝鲜要求借道，得到的答案当然是拒绝。如此一来，他便顺理成章地因此出兵朝鲜。这发生于1592年（文禄元年）。现在一般对这件事的评价，都认为是侵略战争，是错误的行为。

不过我严重怀疑丰臣秀吉是否能清楚地区别这两件事。就像暗记文禄之役①的年代之谐音"一国に（一五九二）

---

①　**文禄之役**：韩国称"壬辰倭乱"，中国称"万历朝鲜战争"。1592—1598年，因日本进攻而爆发于朝鲜半岛的战争，前后持续7年。1592年4月，丰臣秀吉派兵16万入侵朝鲜半岛，文禄之战因而揭开序幕。日军在战争初期处于优势，一个月攻陷朝鲜京城，驱逐朝鲜国王李昖。明朝很快便派出5万大军前去救援，1595年，日军受挫后与明朝议和。1597年，14万日军再侵朝鲜。朝鲜二次求援，明朝紧急调军4万赴朝迎敌，明朝后续不断增兵，最高至7万。日军在丰臣秀吉逝世后难以为继，1599年从朝鲜半岛撤退。此役对当时东亚的政治军事格局有着深刻影响，朝鲜李朝受到重创，日本也元气大伤，随后进入德川幕府时代。

まとめた、後は外国も"①，丰臣秀吉将一统日本加上延长线，扩展为远征中国的构想。直到"小田原征伐"为止的战争是正确的，但之后的"朝鲜征伐"便是错误的。我觉得这不过是以日本列岛的立场为前提而做出的评价。

请不要误解我的意思，我不是在为出兵朝鲜辩护。不仅如此，我甚至对丰臣秀吉所谓的"统一日本之战"是否正确提出质疑。我在前作中说过，就像小说或戏剧里常描写的那样，16世纪战国时代的人，几乎每个人都想让日本成为中央集权制的国家。所以丰臣秀吉的统一国家之战与出兵朝鲜之战，本质上有不同之处吗？

以延长线的概念理解战争史

关于明治维新，不也是类似的吗？以前几乎大部分人都认为"明治维新拯救了日本，使日本免于沦为欧美列强殖民地的命运"，并且将这一想法正当化。确实，或许真的是托明治维新之福，所以今天的日本人才能够拿着印有菊花图案的护照出国。然而，可以这样就断言那是正确的

---

① 一国にまとめた、後は外国も：这句话的意思是，先统一国内后，再把目标放在国外。因为"一国に"与"一五九二"同音，故以此记忆出兵国外（韩国）的文禄之役的年份。

吗？因为禁门之变，而有了惩罚性的长州征讨，接着又发展到戊辰战争的整个历史过程，对我们这些知道最后结果的人来说，应该是理所当然的事吧！可是对当事者而言，却是令人费解的发展。在那条战争的延长线上，还有日俄战争、开始于"九一八事变"的侵华战争，以及太平洋战争。那条延长线上，走到哪里停下是能被认可的，而又是从哪里开始算走上歧途的呢？别说当事者无法判断，就是我们也难以做到。

　　只是，这并不表示"这就是命运，所以也是无可奈何的"。因为在那一条延长线上，应该存在着"走到某一点时可以改变方向，转向另外一条线"的可能性。那或许只是一次偶然，也或许是在当事者自觉下的刻意作为。日俄战争以后，军部专横鲁莽的侵略行动，真的是无法控制的吗？

　　当然有人试图扭转那种鲁莽的侵略，而且还竭尽全力地阻止战争的发生。但所有的努力都失败了，所以还是爆发了太平洋战争。那不是命运，是在各种想法及许多行为的交错下造成的结果。不是有谁事先画好蓝图然后去执行，而是在不自觉的气氛下，演变成那样的局面。这么说来，日俄战争以后的历史，可以说是相当可怕的吧！

　　第一次世界大战后，各国政府都觉得这样的悲剧不能重演，所以成立了国际联盟。国际联盟最初由未加入联盟的美国主导，于 1921 年在华盛顿召开国际联盟会议。第一次世界大战的战胜国（美国、英国、法国、意大利、日本）于翌年签订《华盛顿海军条约》，达成各国限制海军军备、约束军事竞赛的协议。另外，除上述五国外，加上比利时、荷兰、葡萄牙、中国，另签订《九国公约》，并以此公约为基础与中日两国交涉，达成了日本将山东省的权益归还给中国的决定。1928年，包含日本在内的十五个国家于巴黎缔结了《巴黎非战公约》。

如果这一切都很顺利，那么第一次世界大战就不会被冠上"第一次"之名，而会用"唯一"这个词来命名了。然而，就像前文讲述的，日本并不乐见中国出现政治统一的局面。因此，在关东军的主导下，数次在中国的领土上制造军事冲突。他们认为那样的军事冲突"不是战争"，应称之为"事变"。军部倚靠着宪法的规定，以"军队不归属内阁管辖，只属于天皇"为由，强调限制军备的条约"干预统帅权"，因此拒绝裁军的要求。1930年（昭和五年），总理大臣滨口雄幸在东京车站遭遇暴徒袭击①，次年请辞（不久后便去世）。1932年（昭和七年），总理大臣犬养毅则在官邸遭到海军将校枪击致死（"五一五事件"②）。

不久，国际金融危机引发了世界性的经济大萧条。在

---

①　**滨口首相遇袭事件**：滨口雄幸在东京车站被右翼团体成员佐乡屋留雄开枪打伤，佐乡对为何袭击滨口的回答是：滨口造成社会的不安，侵害天皇陛下的统帅权。

②　**"五一五事件"**：由于海军军备受到限制，引起基层官〔接下页〕

欧洲，背负庞大赔偿金的战败国德国国内的民族主义情绪高涨，希特勒政权通过民主选举诞生了。在亚洲，日本因为中国东北问题而脱离国际联盟，在国民的支持下采取强硬的外交路线。1936 年（昭和十一年）日本国内发生了"二二六事件"①，事件本身虽然失败，但陆军内部的抗争却因为这个事件而落幕，对决定国内政策的影响力更大了。

作为国家领导人的难处

　　广田弘毅是文人出身的总理大臣，他以"国策基准"制定了日本在中国大陆及东南亚的发展方针，并且决定增强军备，同时与纳粹德国结盟。广田也因此成为第二次世

〔接上页〕兵的不满。激进派的海军青年军官、部分陆军士官学校学生以及民间右翼分子在 1932 年 5 月 15 日，袭击总理大臣犬养毅官邸、内大臣牧野伸显官邸、执政党立宪政友会的总部、警视厅、三菱银行及东京都的变电所等处。犬养毅于袭击中遭射杀，当晚身故。据传暴徒冲入时，犬养毅曾说"有话好说"，对方则回答"多说无益，射击！"，当即开枪。

　　①　"二二六事件"：1936 年 2 月 26 日，日本陆军内"皇道派"的青年军官率领 1000 多名士兵，以"昭和维新、尊皇讨奸"为名，刺杀政府高级官员及军方中的"统制派"成员。期间一度占领了东京市中心，也刺杀了大藏大臣高桥是清、内大臣斋藤实等人，但他们并未取得天皇及军方高级将领的支持，没有达成刺杀内阁总理大臣冈田启介和占领皇居的目标，因此政变失败，于 2 月 29 日缴械投降。政变主谋者被判处死刑，而皇道派成员也遭到清洗整肃，从此失势。

界大战后唯一被判处绞刑的文人，因为他被追究制定政策的责任。说着"有话好好说"，结果却被海军将校开枪打死的犬养毅，以及深得军部之心而战后却被处死的广田弘毅，看到两位总理大臣不同的处世之道，我感觉到作为国家领导人的难处。"因为爷爷是伟大的政治家"这种单纯的理由，是担当不了总理大臣这样的要职的。

　　广田内阁总辞后5个月，也就是1937年（昭和十二年）的6月，近卫文麿被任命为总理大臣。看姓氏就知道他是藤原摄关家①的嫡系子孙，是名门子弟，先祖辈中曾出了数位关白(等同于近代的总理大臣)，可谓是关白世家。因为出身良好，各界对他出任总理大臣一职充满期待。然而，一个月后的7月7日，在中国北京近郊爆发了卢沟桥事变，日本对中国发动了全面侵略战争。当时日本按照从前的例子，称此事件为"支那事变"或"日支事变"，并狡辩那不是战争。然而，那确确实实就是战争。原本中国方面（蒋介石政府）一直在避免与日本作战，日本政府的内部也一直防止军部的脱轨行动，但是近卫总理却在1938年（昭和十三年）1月，强势地宣告"蒋介石不是交涉的对象"，并关闭了和谈的大门。就这样陷入战争的泥沼中。

---

　　①　**摄关家**：自镰仓时代出自藤原氏嫡系的五个家族，即近卫家、一条家、九条家、二条家和鹰司家。他们是公家中最高的家格，可以晋升摄政和关白之职，担任天皇的代理人或辅佐者。又称为"摄家"或"五摄家"。

27　思考战争的责任问题

国民的支持

书写到此，我再一次自问：有谁能够在哪个关键点遏止这股洪流吗？

"二战"后，以反省这一系列事件为出发点所整理出来的历史叙述，把军部、财阀和"革新官僚"都视作坏人。他们是将日本推向灭亡的深渊、使国民丧失生命财产并给邻近国家带来痛苦麻烦的罪人。善良的普通民众只是被他们骗了，老百姓也是战争的受害者。这就是"二战"后的历史认知。

普通市民在接到"赤纸"①召集令后就得放下一切前

---

① **"赤纸"**：战时由日本政府机关发送的通知书，向各人下达入伍的"召集命令"，或是把战死士兵的消息通知其家人。

往战场，这样的剧情反复地在"二战"后的电影或戏剧中上演；而美军登陆冲绳或空袭日本本土，造成一般民众丧生的情形，更加强了国民"我们是战争受害者"的意识。再加上中国政府也做了政治性的判断，将日本政府与军部分开，接受"日本人民也是军国主义的受害者"的看法。

但是，真是如此吗？

在日本，军部主导的内阁确实不是由国民投票选举的，这与德国的希特勒政权不同。"帝国臣民"对天皇任命的内阁，只能诚敬地接受。议会也一样，当时的议会与大正时代政党政治下的议会不同，已经失去了力量。近卫内阁执政时，大政翼赞会①已经成为御用集团，一味地遵从关白或大将军们的意见，沦为帮助"完成圣战"的机关。

然而，如果没有国民的支持，战争是打不起来的。在情报的操弄下，人们不也因此相信了"暴支膺惩"②的口号，普遍认同持续战争是正确的吗？还有，人们不也相信了日本在珍珠港取得了巨大的胜利，并抱着能从"鬼畜美（国）英（国）"的手中解救亚洲同胞的使命感吗？

日俄战争结束时，不满《朴茨茅斯条约》的部分政治

----

① **大政翼赞会**：1940年成立的政党，首任总裁为总理大臣近卫文麿。近卫发起"新体制运动"，解散其他政党，推动由大政翼赞会一党专政的统治模式。

② **"暴支膺惩"**：是卢沟桥事变时期日军的口号，意为"惩罚残暴的支那"。

家煽动民众情绪,让聚集在日比谷公园的群众变成暴徒(日比谷事件)①。这也是因为民众不知道战争的实态,却盲目相信应该能够缔结更有利的和谈条件,才会发出不平之声。这个例子如实地展现了国民并非完全爱好和平,有时也会沉湎于战争。

　　"我们被骗了。"或许确实是那样,但是,我认为不能因此作为免罪的理由。因为被骗,所以才会给别人带来伤害。难道有了这样的理由,所做的事情就能被饶恕吗?为什么会被骗呢?因为被骗而做了什么事呢?有没有好好地思考"解放东亚"到底是什么东西呢?当时的日本国民无力阻止军部的行动,但为什么会出现这样的局面呢?这些都是有必要追究的吧!并非只有一部分政治家或军人需要承担战争的责任。虽然我们出生在"二战"后,但那仍然是与我们有关的事。"那时被政治家骗了"的说法,只是逃避责任的借口。

---

　　①　**日比谷事件:**当时一般日本国民希望俄国能赔款50亿日元,并转让辽东半岛的权利、旅顺至哈尔滨的铁路权利和库页岛全岛,因此《朴茨茅斯条约》签订后,合约内容与此期望落差甚大,全国各地因此出现抗议集会。1905年9月5日在东京日比谷公园的抗议集会后来演变成暴动,民众袭击内务大臣官邸、国民新闻社、警视厅及东正教教堂。翌日紧急实施戒严令才平息暴动。

总是以防卫战争开始

前文我已经介绍过了，以司马辽太郎为代表的一派认为"日俄战争是防卫战争"。"二战"刚刚开战时，也还能见到这样的看法。在那样的看法中，把战争正当化为防卫战争。而战争中要防卫的敌人是共产主义国家苏维埃联邦，也就是现在的俄罗斯。

> 日俄战争的起因是俄国的强势南侵，而阻挡俄国南侵原本应该是中国的事，但是中国无力抵抗俄国，日本只好承担起这个责任。在迫不得已的情况下，日本赌上国运，甚至奉献出二十万条生命，为自己的存亡拼杀战场。那时的清朝像半生不死的"猪"，仅在一旁观看就觉得可怜。今日的支那更不用说了，已经是完全的"死猪"了，眼看就要提供自己的尸体给赤化势力。日本为了阻挡赤化势力侵入支那，只好拼命地紧紧咬住支那。（武藤贞一:《日支事变与接踵而来的事情》，新潮社，第22—23页）

这段70多年前的文字，用猪来比拟中国（支那）的说法实在令人难以接受，但更重要的是它的内容。（不过，猪的尸体是可以咬的东西吗？）

把侵华战争说成是为了帮助中国，以我们现在的眼光来看，只能说那是狡辩了。但是，当时的日本国民对这样的说法，难道不也是感到安心吗？会有"没错，这次也和日俄战争一样，是为了保护国家的正义之战"的感觉吧！我敢这么说的证据就在我手中这本书的版权页上。这是一本纯粹替军部代言辩护的书，它的初版发行日是 9 月 3 日，然而却在不到半个月的时间里就印刷了 5 次！虽然不知道这本书一次印刷多少册，但是比起我的书，加印的速度实在快太多了。

　　1941 年（昭和十六年）12 月 8 日的天皇诏书——也就是所谓的《宣战诏书》——即诏示：因为日本受到英美两国的恶意欺负，为了保卫国家，不得已奋起与之对抗。

　　国民确实被骗了。但其实他们的内心深处是不是也希望被骗呢？或许是要借着"防卫战争"的说辞，以甩去存在心中的那一点点愧疚之情吧！因为那样才能心安理得地"进行圣战"。

不要只看容易理解的图表

　　当时并非人人都陶醉于那些美好的包装之辞，也有人以清醒的眼光观察时局、批判战争。然而，那些人却备受公众指责，甚至被称为"非国民"。所谓的"公众"，并不是只有政府当权者或军部、财阀，也包含着大多数的"常

宣战诏书（节录）

奉天承运，万世一系之皇祚大日本帝国天皇，昭示汝等忠诚勇武之众。

朕于兹对美国及英国宣战。

……然前政权犹残存于重庆，恃美、英之庇荫，以致兄弟阋墙，尚未改悛。

美英两国支援残存政权，助长东亚祸乱，假和平之美名，匿其欲逞霸东洋之非道野望。甚者，诱惑盟国于帝国周边增强武备，欲挑战我帝国。更予帝国和平通商之道上加诸种种妨害，行经济断交之行径，对帝国生存予以重大威胁。

朕即政府，原冀愿事态能重获和平，故隐忍弥久。然彼悉无退让之精神，徒延时局，不求解决之道，更日益增大对我之经济、军事之威胁，欲令吾等屈从。

如斯推移，帝国为东亚安定所行之积年努力，将尽付流水，帝国之存立，亦濒于危险之秋。事既至此，于今帝国为自存自卫，只得蹶然起兮。除以此破除一切障碍外，实别无他法……

民"。就像前文也引用的，对当时的常民而言，"红色"的共产主义，是非常可怕的。不管那些批评战争的人实际上是不是共产主义者，都被冠上"红色"之名（一般都用"赤"字，以片假名写成"アカ"），然后再借由《治安维护法》，合法地抹杀他们的言论及活动自由。虽然当时整个社会都陷入疯狂，但若是没有常民的协助，那种不愿冷静地倾听少数意见并强迫接受某一既定国策的社会氛围，是不可能存在的。

与"被骗派"对照的，是直到现在仍然相信"那场战争是正确"的人。现在的日本宪法承认公民有思想及言论自由，所以相信"那场战争是正确"的人，当然也可以说出自己的想法。比起以"被骗"为借口来逃避责任的人，我还挺佩服那些固执地觉得自己是正确的人。不过，坚信自己是正确的人当中，有某些人存在着"当时欧美各国也一样（例如对殖民地的统治），却只批评日本是不合理的"的想法。我认为有这种想法的人，与"被骗派"一样，都是在找借口逃避自己的责任。"因为别人可以那么做，所以日本也要效仿"，这是在日本在完成什么使命之类时才可以说的话吧？而日本的使命，在当时的政府看来就是"解放东亚"。

我认为"正确派"所说的"因为有那场战争，亚洲诸国才得以独立"的观点，也可以视为这段历史的另一面。当时日本政府为了使战局有利于己方，以获得更大的实质利益,在亚洲各国扶植了亲日政府。1943年(昭和十八年),日本召开大东亚会议,邀请了这些政府的领导人。"二战"结束后,日本士兵中还有人为了继续实践"解放"的大义,以独立军之姿留在东南亚。如同日俄战争时,因为日本也是亚洲人,是可以与欧美抗衡的亚洲代表,所以曾经被有些人视为亚洲的"救世主"。

历史不能简单地用善恶二元来判断,历史是非常微妙的。可是,常民想看的往往是简单易懂的图表。关于战争,我觉得现在最需要反省的,就是这一点。这并不是说了"对,那是侵略的行为。对不起!"就可以结束的。

请想一想。"为了防卫日本的经济生命线"就出兵海外,真的只是从前才会发生的事吗?以后再说"当时被骗了"这句话,可就行不通了。

28　毁灭，然后重建

直到战败

　　日本在战争中陷入泥沼，除了美国和英国，拥有印度尼西亚这个殖民地的荷兰也讨厌日本。日本为了对抗ABCD（America美国、Britain英国、China中国、Dutch荷兰）的包围而需要掠夺更多的资源，因此"进驻"已沦为德国傀儡的法国维希政府（Régime de Vichy）的殖民地中南半岛。这是实质的侵略行为。

　　在与美国进行最后交涉时，美国要求日本从中国及越南撤军，军部悍然拒绝，交涉因而破裂。之后，日军在1941年（昭和十六年）12月8日这一天，袭击了珍珠港和属于英国殖民地的马来半岛。

　　虽然"大本营发表"反复夸示战果，但是仅仅过了半年局势就逆转了，日本反而不断地被逼入窘境。南方诸岛（以前曾是德国的殖民地，第一次世界大战后由日本信托统治）陆续被攻陷，转而成为美军空袭日本本土的基地。1945年（昭和二十年）春天，硫磺岛沦陷，冲绳开始了惨烈的地面战。美国因为准备攻击日本本土，所以暂缓对台湾的攻击，将目标瞄准冲绳。同年6月，冲绳被攻陷。在战争的过程中，许多民间人士因此被连累了。

同年5月，欧洲的纳粹德国已经无条件投降。美国、英国、苏联首脑在7月于波茨坦会谈，联名呼吁日本无条件投降（后来中国也参加）。但日本却无视这一呼吁，于是苏联在8月8日对日本宣战。原本日本与苏联订有《日苏中立条约》①，但当时订立条约的前提是苏联与德国处于对立交战中，一旦德国投降了，对苏联而言，这个中立条约也就没有意义了。因此苏联出兵日俄战争时期被日本侵占的中国东北。

美国则因为苏联参战，而担心日本会像德国一样，被东西两边阵营（以德国来说，被美国、英国、法国、苏联）分割占领，所以使用了当初为了对付德国而开发的新武

---

①《日苏中立条约》：日本希望趁纳粹德国横扫欧洲、英法败退之机，武力南进，为避免南北两线作战，决定大幅度调整对苏关系；而苏联为加强西线战备，也希望改善日苏关系。所以在1941年4月13日，日苏两国在克里姆林宫签订，规定相互尊重领土完整，互不侵犯；缔约一方若受到第三国攻击时，另一方保持中立等。

器——原子弹。

美军于8月6日在广岛、8月9日在长崎，分别投下原子弹。原子弹造成了何等悲惨的伤害，想必你也早已知道了。两颗原子弹的威力，逼得昭和天皇不得不接受《波茨坦公告》，14日通知联合国这项决议。15日，天皇直接发声，通过收音机的广播，对"帝国臣民"发表接受《波茨坦公告》的决定（但不是直播，而是播出了14日的天皇录音。当时军部的强硬派还想夺走录音以便继续战争，但以失败告终）。

然而所谓的"玉音放送"①的内容里，却没有任何对发动战争的反省言辞。"玉音放送"只是提到"战局未能好转"，而且敌军"使用残虐炮弹"，如此一来，日本将濒临灭亡的危险，所以必须"忍其所难忍，耐其所难耐，以开万世太平之计"，只得接受盟军无条件投降的要求。在天皇的终战诏书中，完全看不到一字一句表达出对韩国的殖民地统治、或对侵略中国的忏悔。

① 　**玉音放送**：指1945年8月14日由昭和天皇亲自宣读并录音《终战诏书》，8月15日通过日本放送协会正式对外广播。这是日本天皇的声音首次向日本公众播出。天皇录音敬称为"玉音"，日语"放送"是"广播"的意思，故称"玉音放送"。

终战诏书（节录）

……今交战已历四载，朕之陆海将兵虽骁勇善战，百官励精图治，亿众黎民克己奉公，各尽所能。然战局未能好转，世界大势亦不利于我。及今，敌军更使用新式之残虐炮弹，频杀无辜，生灵将受何等残害，实难逆料。如若交战持续不休，则我民族终将招来灭亡，人类之文明亦将被破坏殆尽。

……然时运所趋，朕欲忍其所难忍，耐其所难耐，以开万世太平之计。

朕于兹得以维护国体，倚仗尔等忠良臣民之赤诚，并常与尔等臣民同在……

战后的改革与东西方的冷战

总之，第二次世界大战结束了。"光荣的皇军"被解除武装了。在中国、朝鲜半岛及东南亚的士兵，应该都按照约定平安地回到日本的家乡。可是，在中国东北成为苏联俘虏的士兵，却被带去西伯利亚，从事严酷的开发作业，过着悲惨的生活。还有，桦太（库页岛）与千岛群岛也被苏联占领了。在战后的日本，大多数人对苏联都抱有强烈的不信任感，原因就在这里。话虽如此，苏联原本就说过了，要让一切"恢复到日俄战争前的状态"，不是吗？

联合国派遣以美国为主导的占领军来到日本，瓦解日本的军国主义体制。占领军要做的重点，便是打击财阀、解放农地以及修正宪法。日本的宪法形式上必须经过帝国议会的承认，但修正后的宪法其实是按照驻军的原案颁布的。《日本国宪法》的前文和第九条里，都有今后日本不能发动战争的声明；而天皇则被定位为"日本国家及日本国民的象征"。新宪法还明文规定男女平等，享有思想、信仰的自由，日本重生为一个主权在民的民主国家。

1951 年，日本与联合国在旧金山签署了和平条约①，日本恢复为独立国家。然而，此时美国与苏联的对立已经逐渐显现，朝鲜战争爆发。在这之前，中国也发生内战，毛泽东建立了中华人民共和国；而蒋介石则败退台湾，延续"中华民国"之名。因此，苏联和中国没有缔结《旧金山和约》。另外，那时不仅朝鲜，韩国也没有与日本冰释前嫌（韩国到了 1965 年才与日本签订《韩日基本条约》

---

① 《旧金山对日和平条约》：通称"旧金山和约"，由第二次世界大战的 48 个战胜国与战败国日本于 1951 年 9 月 8 日在美国旧金山签订。该和约声明：日本承认朝鲜半岛之独立，放弃台湾、澎湖、千岛群岛、库页岛、南沙群岛、西沙群岛等岛屿的主权。随着和约的正式生效，长达 7 年的同盟国军事占领日本的状态结束；日本在国际社会的地位恢复正常，并在 1956 年加入联合国。因和约签订时，身为主要战胜国之一的中国被排除在外，故中国政府自和约签订至今均未承认过《旧金山和约》。

及三项有关协定，建立外交关系）。

日本和美国签订《日美安全保障条约》①，所以美军在日本并不是"占领军"，而被认为是为了保护日本才留驻的军队。不，应该说是形式上请求继续留驻吧！事实上，在日本拥有军事基地，对美国来说也是好事。所以直到1972年（昭和四十七年），冲绳都在美国的占领统治下。回溯20世纪60年代，越南战争开始时冲绳的美军基地确实充分地发挥了作用。

环视历史教育

在这个时期里，一般的国民——也就是所谓的"常民"是怎样的呢？

"二战"后，学校的教育也有了很大变化。把"记纪"神话当作真实事件的"国史"，变成了从绳文时代开始的"日本史"。灌输忠君爱国的"修身"教育被废除（后来改变宗旨，变成"道德"教育）。把日本或中国的故事与

---

① 《日美安全保障条约》：1951年9月8日，日本与美国在旧金山签订的军事同盟条约，此条约不仅构成日美同盟的法律依据，而且使美国可以在日本几乎无限制地设立、扩大和使用军事基地。条约由前言和5条正文组成。其要点包括：美国有权在日本国内及其周围驻扎陆海空军；根据日本政府的请求，美军可以镇压日本发生的暴动和骚乱等。

思想剔除政治性元素后作为教材，这些"汉文"成为"国语"课中的古典教育的一部分，继续存在于教育体系之中。这一次教育变革中，就没有出现明治末期在处理南北朝问题时发出的"那样很奇怪"的声浪了。

不，也不是没有，还是有人发出质疑的声音。思想保守派在"二战"后也不改其思考的方式，批评教育改革破坏了日本优良的古老传统。那些人也正是自虐史观的批判者，也就是我口中的"自慰史观者"。我觉得他们的思想已经如同一种宗教，所以，即使用理论性的或科学性的方式试图说服他们，也不会有什么效果。那不是政治上的有权势者可以诱导的（欺骗常民），而是基层人民自己产生的史观。

按照现在日本文部科学省检定的教科书，日本建国的年代并不是公元前660年神武天皇即位之时。但奈良县"当地"的乡土史家们，仍然会在由乡镇办公室主办的文化讲座中，谈论神武天皇是否是真实存在的人物。我并不想过多谈论这件事情，我想强调的是：那些演讲的内容，便是常民自己想要听到的。日本会有怎样的未来，握有"主权"的国民对此有绝对的责任，所以走在面向"未来"的路上时，如何理解"过去"，是非常重要的。"现在的日本天皇是自2670多年前开国国王一脉相承的子孙"的这种历史观，在我看来是会危及日本未来的观点。日本皇室现在也是以神武天皇为初代，以计数现在是哪一代。虽然中间有分裂为二的时代，但还是以南朝（确实不称为"吉野朝"）的天皇为正统来计算。这一点在战败后仍然没有改变。这种没有改变的情况，不仅只是一部分人的逻辑，如果没有广大"常民"的支持，是办不到的——这就是我觉得害怕的由来。

俗话说"打铁要趁热"。或许你们无法从教科书里知道这些，但为了让你们这些未成年的人知道以天皇为中心的日本的脚步，于是我写了这本书。

29　1968年

以"打倒旧权威"为目标

1968年是世界史上重要的一年。这一年也是明治维新100周年。司马辽太郎便是在这一年开始执笔《坂上之云》，关于这一点，我在前文已经说过了。现在，我们就来看看发生在这一年的大事吧！

曾经分裂为南北两部分的越南，在1965年美国介入后，战事趋于白热化。对美国而言，这是一场为了防止共产主义势力扩大而进行的战争，高举的是"为了防止越南被赤化，不得不与越南人作战"的口号。

咦？这句话很耳熟，好像在哪里听过，不是吗？

没错，侵华战争开始时，日本也是这么说的。

就像日本陷入侵华战争的泥沼一样，美国也陷入"越战"的泥沼（我觉得这样说是有点奇怪的，应该说是"美越战争"吧）。1968年年初，以美国国内青年为中心的反战运动之火，开始燎原。因为被送上战场、死在战场上的人，就是和他们一样的美国年轻人。同年，法国也爆发了大规模的学生运动，以"打倒旧权威"为口号，激起了很多青年的共鸣。第二次世界大战以后，苏联的势力范围逐渐扩大，东欧诸国都变成了社会主义国家。仍旧是1968年，捷克斯洛伐克发生了由政府主导的、被称为"布拉格之春"的改革运动。

就这样，在世界新脉动的萌芽之中，日本也爆发了学生运动。最初是各个大学的个别事件，如由于对东京大学医学部的研修制度不满，许多学生们便联合起来，成为国际反战运动的一部分。这次的学生联合运动与1960年（昭和三十五年）的安保反对运动①不同，并不是由左翼政党主导的政治运动中的一环，而是自发的运动。他们罢课，占领学校的建筑物，象征东京大学的东大安田讲堂②，就聚集了许多其他大学的学生，成为学生运动的据点。

---

①　**安保反对运动**：1959—1960年，左翼政党及组织反对政府签订《日美安全保障条约》，联合全日本学生自治会联合组织的学生运动及一般市民发起的反政府、反美运动。1970年的第二次安保反对运动，则要求反战（越战）、反对成田机场用地征收以及要求美军基地归还冲绳土地及管理权。

②　**东大安田讲堂事件**：20世纪60年代后期，日本多所大学因反对调涨学费、要求校园民主化等，出现学生运动，甚至出现武〔接上页〕

运动的挫折与高速的经济成长

另一方面，以自民党为核心的政府策划了一系列庆祝明治百年的活动。在实现了经济的高速增长后，大多数"常民"都想摆脱战败的阴影。他们与呼喊着要变革的学生们不一样，而是高度关心明治以来的日本发展，所以当年7月进行的参议院选举，自民党的席次只是微减，仍然维持原有的势力。

8月，视"布拉格之春"为危险举动的苏联军队（正确的说法应该是以苏联为中心的华沙条约组织）武力进驻布拉格，战车开过布拉格市区的画面，被传到全世界。在这之前常看到的，是美军杀伤无辜的越南人民的照片。原来美苏所做的事并无两样呀！

以变革为目标的部分学生所采取的激烈行动，最后还是没有得到国民的支持。他们认为应该与以越南为首的被欺侮各国团结在一起的主张，也没有被社会大众接受。正好在一百年前，幕末维新志士成功地颠覆了原有的政权，

〔接下页〕力封锁校园的情形。1968 年 3 月，东京大学医学院学生因反对以登记医生制度取代现行的实习医生制度，发起了"东大纷争"学生运动，期间学生发动罢课，数度占领医学院综合中央馆及安田讲堂，并封锁学校许多重要的建筑物。学生运动一直持续到 1969 年 1 月。当时东大本乡校区，尤其是安田讲堂被全学共斗会议组织（跨校学生运动联合组织）占据。1 月 18 日、19 日，警视厅武力包围安田讲堂，强制解除封锁，并逮捕了数十名学生，即为"东大安田讲堂事件"。

但年龄与他们相当的学生运动领袖们，却失败了。

高速的经济发展带来了富裕的生活，而科技的进步则让日本人过上了被家电包围的日子。享受方便、舒适生活的"常民"们丧失了对国际形势的关注。只要日本和平就好了，而且那才是最安全的。人们一边通过电视，看着越南或中东悲惨的战争景象，一边庆幸自己生活在日本。人们虽然没有忘记20多年前的战争，但毕竟时日久了，记忆也变得遥远了。"二战"后才出生的人此时也到了步入婚姻、拥有自己的家庭、开始生养下一代的年龄。

"爸爸妈妈还是小孩子的时候，日本也有战争呢！"

以这样的口吻述说着战争的可怕的为人父母者，已经越来越少了。

我好像很自以为是地说着大话，但其实我也是"不懂战争的一代"。我只是在儿童时代时，从我的父母亲（也就是你的祖父母）那里，听到许多和战争有关的事。我是在听战争的环境下长大的。只要不把食物吃完，就会反复被指责："我在你这个年纪时，每天都觉得肚子饿。"

是的，那是1968年左右的事。那一年我搬到横滨郊外的N町居住。N町的位置，就在为了把明治时代日本的重要输出品"绢"送到横滨港而建造的铁道横滨线的沿线。1968年的N町还是充满"田园"风光的地方，但随着铁路沿线建造的房子越来越多，"田园"迅速"都市"化了。把这两个词语连用在一起的铁路交通线，就是田园都市线。

这四十年与以后

　　1968 年之后 40 年间的日本，就和这条铁路沿线一样，有了非常大的变化。从禁门之变到日俄开战，或者从《朴茨茅斯条约》到接受《波茨坦公告》，同样也是 40年。1968 年后的 40 年，是我可以述说的亲眼所见、亲耳所闻的时间。所以，关于这 40 年，我就不特别写成文章了，因为我都已经在家和你面对面说过了：1970 年（昭和四十五年）的大阪万国博览会，为了看月球上的石头而排队很长时间；1976 年（昭和五十一年）爆发了洛克希德丑闻事件①，参加社团旅行的我在的目的地仙台看到了田中角荣因此被逮捕的号外新闻；1995 年（平成七年）发生地铁沙林毒气攻击事件②后，我带你去东京时总觉得胆战心惊。

　　当时代来到 21 世纪时，你也有属于自己的记忆了吧！

---

　　①　洛克希德事件：1976 年，作为当时美国最大的飞机制造公司和军火供应商之一的洛克希德公司被曝出通过贿赂外国政要而开拓市场的不正当竞争事实。有证人证实，该公司曾因向日本出售客机而贿赂时任日本首相田中角荣。之后田中角荣被逮捕、起诉，后取保候审。整个审判过程持续了近 20 年，直至 1995 年，日本最高法院做出终审，判决田中角荣违犯外汇法、受托受贿，而田中已于两年前因病去世。

　　②　东京地铁毒气事件：1995 年 3 月 20 日，日本邪教组织奥姆真理教信徒在东京地铁三线、共五趟列车上施放沙林毒气，造成 13 人死亡，数千人受伤。

同时发生多起恐怖袭击的"9·11"事件时，你就读的小学立即宣布停课，让全体学生回家。我也在还不清楚发生了什么事的情况下回家，因为看到公寓前严阵以待的消防车而非常震惊。那时的印象非常深刻。从那时在美国的生活到现在，又过了多少年了呢？

2009年（平成二十一年），众议院议员总选举后政权发生更替①，至于我是怎么投票的，这是秘密。这次的选举结果会对今后的日本有什么影响，在写这篇文章的此刻，我还无法知晓。不过，我想说的是，下一次总选举时，大概你也已经有投票权了。在依靠自己的判断力，有自信地投下自己的一票的那一天来到之前，你还有很多必须掌握的，请你务必好好学习。而且，在你有了自己的孩子时，请你要对你的孩子——也就是我的外孙说"当妈妈还是孩子的时候"的事。

历史就是这样世世代代流传下来的故事。历史上虽然有许多活跃在其中的政治人物、艺术家，但我们每个人都是传递历史的旗手。没错，历史是"常民"创造的，所以，我们有责任扛起日本这个国家的未来。为了不让自己再说

---

①　**2009年日本众议院选举**：2009年8月31日，日本第45届众议院选举结果显示，最大的在野党民主党在大选中获得总数480个议席中的308席，大幅超过半数。民主党也因此成为自1955年自民党成立以来第一个上台的在野党，民主党代表鸠山由纪夫出任首相，民主党将与社民党、国民新党联合执政。

"被骗了"之类的话，请一定要好好培养自己的判断力。

　　日本的未来绝对不可能是一帆风顺的。之前的两百年算是过去了，今后的日本能否以亚洲中一国的身份，保有尊严地继续存在，责任就在你们这一代人的肩上。我在前作中说过，我已经过了人生的折返点，即将来到夏目漱石离开人世的年纪。我的身体何时会发生什么我都已不在意，因为我想告诉你的事情，大抵都已经说过了。请好好的承继我的想法。拜托你了。

30　丝路与韩流——幻影二题

不想看的东西更应该要看

本书原本应该在前一章就结束，但最后我还是做了一点画蛇添足的事。我这个人对数字有点偏执，因为我想让这本书的章数结束于旧历大月的天数，而不是小月的天数。

20世纪70年代后期，外国媒体得到许可，终于可以进入中国境内进行采访了。于是NHK派出了一组庞大的采访团队——"丝路班"，到中国做纪实性报道。"丝路班"带回来的系列影片配上石坂浩二的解说，加上喜多郎用电子乐器完成的主题曲，一经播放就获得了极好的评价，每一集都让我期待。不久后，中国又正式开放外国游客入境游览，让很多日本人实现了参观敦煌、乌鲁木齐的梦想。

现在想来，那里是连武士道的"皇军"也进不了的地区，所以和中国的东部不一样，找不到"日本军残虐行为"的纪念地。或许正因如此，日本人才能放心地享受那个充满异国风情的节目。那里是和日本人印象里的中国不一样的地方，不会唤起日本人的阴暗记忆。

进入21世纪后，韩流崛起。各种韩国电影、电视剧变得大受欢迎。然而，那里封印着日本人不想回忆起来的过去。韩流的主要内容之一是从古代到近世的朝鲜半岛历史剧，也包括与日本的暴力有深刻关联的现代剧，这些都是日本不愿意回顾的过去。或许这就像我不想知道忠于原著地把《坂上之云》戏剧化后，那部戏会给韩国人带来什么样的感受。

但是，我们确实有必要更加了解我们的邻居中国、韩国以及中国台湾地区。有了清楚的认识才能和它们好好交往。经济发展突飞猛进的中国，其他方面是什么样子的呢？为什么日本政要参拜靖国神社，会遭到亚洲诸国的抗议呢？我们不能只看想看的东西，不想看的东西才更应该仔细去看，那样才能与周围国家和地区建立起真正的友好关系。

各种百周年

2010年是"日韩并合"的百周年。当然，这不是值得庆祝的百周年事件，但是我觉得我们还是有必要好好关注一下。因为日本想要吞并邻国，结果给邻国的韩国人带来大麻烦（包括现在朝鲜半岛的分裂问题）。我认为应该借着百周年的纪念活动，好好的厘清这个问题。

而2011年是中国辛亥革命的百周年。清朝被推翻，中华民国建立，其版图几乎完全继承清朝（后来蒙古国独立）。或许应该在这个纪念年里，对辛亥革命重新进行学术性的探讨。

有光明面就有黑暗面，我们不能只看到光明面，也要好好地了解黑暗面是怎么一回事。如果你也关心这类话题，请你在读大学时选择专攻亚洲历史或文化。江户时代后期以来的两百年，日本对亚洲的认识曾经有许多错误之处，但今后不再允许有那样的错误了。为了维持与发展日本跟中国、韩国的友好关系，在本书的最后，我祈愿未来有更多的学生投注心力在这个领域。

后　记

　　前作《东大爸爸写给我的日本史》出版至今正好一年。我觉得讨论"近现代史"是很难的，除了因为内容关系到"现在"的问题外，我专攻的领域是以中国为中心的思想史，而不是日本近现代史。在写本书之前，我并没有细致地大量阅读或整理近现代史的史料，或严谨地去追求历史细节。与司马辽太郎写《坂上之云》时阅读的资料相比，我想我的阅读量是比不上他的。

　　然而，不管我的阅读量有多少，我还是写了这本书。我只写我知道的范围内的事，不特别追求细节，剔除了历史的枝叶，只选取事件的大纲，并且以高中生的视角，去选择我想阅读的内容来写。我希望通过本书，能让大家知道，学习历史并不只是背诵专有名词和历史事件的年代。

当然，我的做法一定会遗漏许多历史事件。我想，若把这些疏漏整理出来，一定会显现出不同的历史面吧！当然还有其他许多从与本书完全不同的观点来述说近现代史的方法吧。

没错，我的立场就是——历史并非唯一绝对的。

有人主张历史是一种科学，现在好像有不少历史研究者这么认为。不过，我认为历史基本上是文学。为了记忆而传承过去的事，并用文字写下，不是和带着哲学味道的文学很相似吗？希罗多德的《历史》、司马迁的《史记》也常被当作文学性的古籍，我认为这正好展示了历史的本质。

本书所模仿的对象——尼赫鲁（Javāharlāl Nehrū，1889—1964）的《父亲对孩子说世界历史》[①]，也是很优秀的文学书。学校的教科书之所以无趣，是因为教科书在编排所有历史事迹时注重平衡性，然后列记出来。这是强调科学性的做法，这样书写出来的历史，多半会变得索然无趣了。

历史没有必要成为谩能的科学，可以不用像科学一样

[①] 《父亲对孩子说世界历史》：日文版译名与原文不同。1934年出版的《世界史一瞥》（*Glimpses of World History*）原版收录了作者在1930至1933年间写给女儿的196封信。作者另有一本收录30封书信、1928年出版的《父亲给女儿的信》（*Letters from a Father to His Daughter*）。1945年，商务印书馆曾出版这一套书信，书名为《尼赫鲁给女儿的信》。

去追求绝对的真理。而且，许多追求绝对真理的历史书或历史理论，有可能正当化了强权的迫害，成为引发战争的原因。在多元化的世界里，让多种历史观并存，不是更好吗？

因此，我绝不认为这本书是"唯一正确的近现代史"，如果要用英文来表现这本书的书名时，我觉得适合加上不定冠词"a"。若说这本书是"小岛家的书"，那么我想各位读者也可以整理出自家版的近现代史。

和前作一样，本书也承蒙了中嶋广氏的帮助，才得以出版。虽然现在是书籍销量不佳的时代，但还是希望能够守护自宽政时代起延续了两百多年的出版文化传统。

小岛　毅

2009年10月3日　中秋

出版后记

　　作为《东大爸爸写给我的日本史》的续作，本书保持原有活泼轻松的笔调，用短小精悍的文字，向16岁的女儿讲述错综复杂又充满争议的日本近现代史。

　　小岛毅仍旧从其擅长的思想史角度切入，抛开近现代史上纷繁的政治事件，不同于其他书籍以"黑船来航"作为近现代史开端的写法，从比"开国"更早的18世纪末的宽政教育改革说起，考察自江户末期自"二战"结束之后，日本社会文化及思潮的状况及变化趋势。他呈现的是以内在文化为中心的日本史，而不是单纯的政治历史事件。于是，"尊王攘夷"的口号、忠君爱国的思想、历次教育改革、武士道精神、常民的心态、国家神道这些在教科书上被一带而过的话题，在作者笔下一一展开。通过对日本文化及民族精神的分析，探究日本在近现代出现转折的深层原因。

对于近现代思想文化对当下的影响，虽然不是本书的重点，但作者也在行文之中表达了自己的观点。面对明治时代曾对塑造近代国家发挥重要作用的法学、西洋医学、工学等学科，他认为这些在当代需要重新定位，应该认清培养人文素养的重要性，而只偏重实用学科是危险的。因为人文素养的普及也是明治维新能够获得成功的原因之一。

本书尤为难得的是，作者敢于正视，并引导青年一代读者一起反省日本近代以来发动的侵略战争加诸亚洲各国的伤害。针对那个被提出过无数次的问题——"谁应该为日本近代发动的侵略战争负责？"，在研读了知识分子对战争对日本命运的担忧、剖析了军部极力推动战争的心态后，作者提出了自己的观点——"不是只有政治家和军人才需要承担战争的责任"。他认为，每一个普通的日本人，都应该为侵略战争负责。"如果没有国民的支持，战争是打不起来的"，常民与政府、军部一起协力完成了对天皇信仰、对大日本帝国的最终塑造。

因此，国家的历史不是与自己无关的事。历史是常民创造的，我们有责任扛起国家的未来。作者希望女儿能够培养起自己的判断力，不再用简单粗暴的善恶二元论来看待历史。只有真正地理解了过去，才可能更好地面向世界、面向未来，而不是以"我们被政治家骗了"作为逃避责任的借口。这是作者对女儿说的话，也是对所有青年一代的寄语。

服务热线：133-6631-2326　188-1142-1266

服务信箱：reader@hinabook.com

后浪出版公司

2018年8月

图书在版编目（CIP）数据

东大爸爸写给我的日本史. 2 / (日) 小岛毅著；郭
清华译. -- 北京：北京联合出版公司, 2018.2（2024.5重印）
　　ISBN 978-7-5596-1536-7

　　Ⅰ. ①东… Ⅱ. ①小… ②郭… Ⅲ. ①日本—历史
Ⅳ. ①K313

中国版本图书馆CIP数据核字 (2018) 第006725号

东大爸爸写给我的日本史 2

著　　者：[日]小岛毅
译　　者：郭清华
出 品 人：赵红仕
选题策划：后浪出版公司
出版统筹：吴兴元
策划编辑：林立扬　张　鹏
特约编辑：林立扬
责任编辑：孙志文
营销推广：ONEBOOK
装帧制造：墨白空间·陈威伸

北京联合出版公司出版
（北京市西城区德外大街83号楼9层　100088）
北京盛通印刷股份有限公司印刷　新华书店经销
字数140千字　889毫米×1194毫米　1/32　7.5印张　插页8
2018年8月第1版　2024年5月第6次印刷
ISBN 978-7-5596-1536-7
定价：60.00元

后浪出版咨询(北京)有限责任公司　版权所有，侵权必究
投诉信箱：editor@hinabook.com　fawu@hinabook.com
未经书面许可，不得以任何方式转载、复制、翻印本书部分或全部内容。
本书若有印、装质量问题，请与本公司联系调换，电话010-64072833